Bernd Dittrich

Duftpflanzen

für Garten, Balkon und Terrasse

Zweite, durchgesehene Auflage

BLV Garten- und Blumenpraxis

BLV

Die Deutsche Bibliothek –
CIP-Einheitsaufnahme

Dittrich, Bernd:
Duftpflanzen für Garten, Balkon und Terrasse / Bernd Dittrich. – 2., durchges. Aufl. – München; Wien; Zürich: BLV, 1992
(BLV Garten- und Blumenpraxis; 350)
ISBN 3-405-13583-4

NE: GT

Bildnachweis

Alle Fotos vom Autor außer:
Apel: 21, 73
Burda: 33, 41, 102, 108
Dittmer: 106 l
Felbinger: 83
Reinhard: 6, 23, 26, 27, 37, 48, 56, 64, 74, 81, 82, 85, 115, 117
Reschke: 44, 49, 57, 59, 60, 62, 72, 92, 96, 98 r, 99, 100 l, 119
Seidl: 45, 61, 77
Sinicki: 8
Strauß: 2, 19, 31, 42, 52, 101, 106 r, 121
Werner: 113

Titelfoto: Eisenbeiss
Grafiken: Monika Schönberger

Seite 2: Blauregen, ein Klettergehölz für sonnige Standorte.

BLV Verlagsgesellschaft mbH
München Wien Zürich
8000 München 40

BLV Garten- und Blumenpraxis 350

Lektorat: Katja Holler

Gesamtherstellung: R. Oldenbourg, München

Printed in Germany · ISBN 3-405-13583-4

Inhalt

Die Welt der Pflanzendüfte

Dem Pflanzenfreund, dem Liebhaber herrlicher Düfte, dem stillen Beobachter ökologischer Zusammenhänge, dem offenen und experimentierfreudigen Gartenfreund, sowie den vielen Freizeit-, Balkon- und Terrassengärtnern vermag sich eine eigene Welt zu erschließen – die Welt der Pflanzendüfte. Dabei ist jene Sehnsucht nach den Blumendüften in uns allen stets vorhanden. Versucht man, nicht spontan an einer unbekannten Blume zu allererst den Duft zu ergründen? Führen kleine Kinder eine abgepflückte Blume nicht ebenso zielstrebig zur Nase? Hat nicht auch die Industrie erkannt, wie einfach unterschwellig duftende Artikel an den Mann oder die Frau zu bringen sind? Wieviel faszinierender, phantasievoller und interessanter die Beschäftigung mit der immensen Zahl der Duftpflanzen ist und wieviel Wohlbefinden und Entspannung davon ausgehen kann, ist nur durch eigene Betrachtung zu erfahren. Die Hektik unserer Zeit läßt viele Mitmenschen die Besinnlichkeit des Gartens wieder suchen, eines Gartens in dem Vögel und Insekten fliegen dürfen, in dem wieder die Vielzahl und Schönheit vieler vergessener Pflanzenarten willkommen ist. Und vielleicht suchen auch Sie einen Garten, in dem die vergessene Dimension der Düfte wieder Einzug halten kann.

◁ Diptam, *Dictamnus albus*

Sommerflieder; magische Anziehungskraft auf Schmetterlinge üben die Blütenrispen aus.

Die Funktion der Blütendüfte

Der für uns angenehme Blütenduft ist ein deutliches und riechbares Zeichen der hohen Spezialisierung zwischen Pflanze und Bestäuber. Durch den Duft der Blüte werden verschiedenste Insekten wie Käfer, Mücken, Schwebfliegen, Wespen, Hummeln, Honigbienen, ja sogar Aasfliegen, Vögel und Fledermäuse angelockt. Bei der Nektaraufnahme aus der Blüte wird die für die Pflanze lebensnotwendige Bestäubung vollzogen, ohne die Samen- oder Fruchtbildung und damit das Überleben der Pflanzenart nicht möglich wäre. Dieser sehr erfolgreiche »Handel« garantiert dem Insekt ein reichliches Nahrungsangebot an Pollen und Nektar, der Pflanze die Befruchtung. Die Art der Kooperation konnte sich in den Jahrmillionen der Evolution weit besser behaupten als die mehr zufällige Befruchtung der Pflanze durch den Wind bei den sogenannten Windbestäubern. Typische Windbestäuber sind unsere Getreidearten. Immer kompliziertere Blütenformen und Düfte sorgten bei den Blütenbestäubern im Laufe der Evolution für einen hohen Grad an Spezialisierung, der die Sicherheit gegenseitiger Arterhaltung mit sich brachte. Dieser hohen Spezialisierung freilich fallen heute viele Tierarten zum Opfer, da unsere Lebensweise einer großen Zahl von Pflanzenarten ein weiteres Überleben unmöglich macht. Die auf diese Pflanzen angewiesenen Tiere sterben aus.

Blütenbestäuber

Unter den Blütenbestäubern spielen die Tag- und Nachtfalter eine große Rolle. Ihr Geruchssinn ist sehr gut ausgeprägt, da er dazu dient, den Geschlechtspartner aufzufinden. Tagfalterblumen wie z. B. Karthäuser- oder Heidenelke haben meist leuchtend rote Röhrenblüten, da rote Töne von Tagfaltern, jedoch nicht von Bienen wahrgenommen werden können. Der Duft dieser Blumen ist schwächer ausgeprägt als bei Nachtfalterblumen. In der Gruppe der Nachtfalterblumen, zu der die unterschiedlichsten Pflanzengattungen und -familien zählen, fallen die vielen weißen und cremefarbenen, oft unscheinbaren Blüten auf. Wegen ihres Mangels am Lockmittel Farbe machen die Pflanzen dieser Gruppe meist durch sehr starke und schwere Düfte auf sich aufmerksam, damit sie auch ja nicht »übersehen« werden. Mit der Produktion von Duftstoffen gehen die Nachtfalterblumen sehr sparsam um: sie erfolgt meist erst in den Abendstunden, und oft öffnet sich die Blüte nur einmal, um nach der Befruchtung zu verwelken.

Bei Bienenblumen spielt die Blütenfarbe eine größere Rolle als der Duft. Da Bienen rot nicht von grün unterscheiden können, sind die bevorzugten Blütenfarben blau, gelb und weiß. Daher werden die meisten Glockenblumenarten, Boretschgewächse und einige Hahnenfußgewächse hauptsächlich von Bienen bestäubt. Bienenblumen verströmen, falls sie überhaupt riechen, einen honigartigen Duft. Entsprechend der Länge ihrer Saugrüssel, der bei den kleinsten Bienenarten gerade 1 mm lang, bei den Hummeln bis 22 mm (!) lang sein kann, ist der Nektar nicht für alle Arten zugänglich.

Fliegenblumen locken ihre Bestäuber ebenfalls durch Düfte, die uns allerdings eher unangenehm erscheinen. Der Vollständigkeit halber sollen sie nicht unerwähnt bleiben. Die Spezialität dieser Pflanzen ist die Produktion Fäulnis und Aas imitierender chemischer Verbindungen. Von diesem Geruch wiederum versprechen sich Dung- und Aasfliegen eine einträgliche Nahrungsquelle, wobei ihr Besuch zur Befruchtung dieser Pflanzen führt. Bekannte Beispiele in unseren Breiten ist der Aronstab und die Osterluzei.

Die Fledermaus- und Vogelblumen kommen hauptsächlich in den Tropen und den Subtropen vor. Auf sie soll hier nicht eingegangen werden.

Pelargonium quercifolium

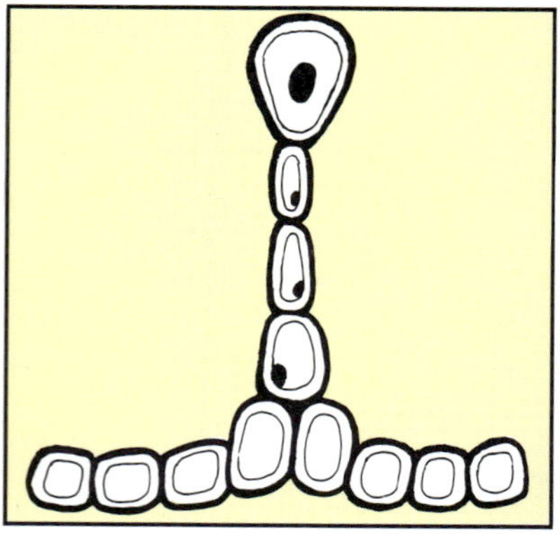

Drüsenhaar, stark vergrößert

Funktion der Blattdüfte

Auch der Blattduft hat für die Pflanze lebenserhaltende Funktionen. Die in den Blättern in großer Menge produzierten ätherischen Öle dienen hauptsächlich dem Schutz vor Fraßfeinden. Höchst selten findet man deshalb an stark aromatischen Kräutern Fraßspuren von Insekten oder Säugetieren. In der Evolution stellte dies eine erfolgreiche Alternative zur Entwicklung von Dornen dar.
Neben dieser recht wirkungsvollen Strategie, die dem Schutz der pflanzlichen Lungen dient, haben die ätherischen Öle noch weitere Funktionen. Es ist kein Zufall, daß der größte Teil der aromatischen Pflanzen vorwiegend in sehr trockenen Gebieten unserer Erde beheimatet ist. Die ätherischen Ausdünstungen der Blattoberfläche stellen eine effektive Schutzvorrichtung gegen hohe Transpirationsverluste an besonders heißen Tagen dar. Eine weitere wichtige Aufgabe übernehmen die pflanzlichen Öle, indem sie einen äußerst wirksamen Schutz vor Pilz- oder Bakterieninfektione darstellen.
Im Stoffwechsel der Pflanze liefern die ätherischen Öle (Terpene und Aromaten) bei ihrer Bildung einen großen Teil der Energie, die für andere biochemische Synthesen benötigt wird.

Ätherische Öle und Blütenöle

Ätherische Öle sind komplexe Stoffgemische, die von unseren Geruchsnerven wahrgenommen werden können und die hauptsächlich durch Wasserdampfdestillation oder Auspreßverfahren aus Pflanzen oder Pflanzenteilen gewonnen werden. Ätherische Öle verdunsten im Gegensatz zu fetten Ölen vollständig und hinterlassen auf Papier keinen Fettfleck. Sie sind im Pflanzenreich weit verbreitet. In manchen Pflanzenfamilien ist die Zahl der duftenden Arten besonders groß.

Pflanzenfamilien mit vielen duftenden Arten:
Kieferngewächse *(Pinaceae):*
 Zeder, Kiefer
Lorbeergewächse *(Lauraceae):*
 Sassafras, Lorbeer, Zimt
Lippenblütler *(Labiatae):*
 Ysop, Lavendel, Melisse, Minze, Salbei
Rautengewächse *(Rutaceae):*
 Weinraute, Orange, Zitrone
Myrtengewächse *(Myrtaceae):*
 Gewürznelke, Eucalyptus
Doldenblütler *(Umbelliferae):*
 Süßdolde, Anis, Fenchel
Korbblütler *(Compositae):*
 Balsamkraut, Rainfarn
Ingwergewächse *(Zingiberaceae):*
 Kardamon, Ingwer
Zypressengewächse *(Cypressaceae):*
 Wacholder, Zypressen
Rosengewächse *(Rosaceae):*
 Rosen
Storchschnabelgewächse *(Geraniaceae):*
 Duftblatt-Pelargonien
Leguminosen *(Legumiosae):*
 Akazie

Heute kennt man etwa 3000 verschiedene ätherische Öle, von denen jedoch ungefähr nur 150 von der Riechstoffindustrie verarbeitet werden. Die ätherischen Öle kommen in verschiedenen Pflanzenteilen vor. Man teilt sie deshalb nach dem Ort ihres Vorkommens ein:

Blütenöle:
 Akazie, Cassia (Zimtblüte), Neroli, Jasmin, Rose, Tuberose, Nelken, Narzissen.
Blattöle:
 Minze, Duftblattpelargonien, Eucalyptus, Petitgrain, Fichtennadeln, Lemongras.
Samen- und Fruchtöle:
 Gewürznelke, Anis, Vanille, Kümmel, Hibiscus (Moschuskörner)
Fruchtkerne:
 Tonkabohne, Aprikosen (Bittermandel)
Fruchtschalenöle:
 alle Citrusfrüchte.
Holz-, Rindenöle:
 Sandelholz, Rosenholz, Zimtbaum, Kampferbaum
Wurzelöle:
 Sassafras, Iris, Ingwer, Vetiver.
Harze und Balsam:
 Benzoe, Weihrauch, Labdanum, Styrax

Blüten-, Blätter- oder Wurzelöle der gleichen Pflanze unterscheiden sich manchmal erheblich. In anderen Fällen riechen aber alle Teile gleich, so daß die ganze Pflanze destilliert wird (Lavendel, Verbene, Pfefferminze).
Als Stoffwechselendprodukte können ätherische Öle von der Pflanze nicht wieder für die eigenen Biosynthesen verwendet werden. Da sie in den produzierten hohen Mengen der Pflanze selbst gefährlich werden könnten, werden die Öle in besonderen Zellen oder Geweben deponiert. Manche ätherischen Öle werden durch Drüsenhaare wieder ausgeschieden, andere Öle verbleiben in Ölzellen oder Exkreträumen, aus denen sie erst bei mechanischer Bearbeitung oder beim Destillationsvorgang austreten.
Zur Demonstration von Ölzellen bzw. Drüsenhaaren eignet sich ein Myrten- und ein Pelargonienblatt. Während an den Pelargonienblättern nur sanft gerieben zu werden braucht, muß das Myrtenblatt geknickt oder gepreßt werden, um den angenehmen Duft freizugeben.
Ätherische Öle können aus 20–200 Einzelsubstanzen bestehen. Die wichtigsten chemischen Grundgerüste sind Terpene, Phenylpropan und andere aromatische Verbindungen, außerdem gibt es verschiedene aliphatische Verbindungen, Heterocyclische Verbindungen und stickstoff- oder schwefelhaltige Verbindungen.

Gewinnung der ätherischen Öle

Die vier wichtigsten Verfahren sind, wie bereits erwähnt, die Wasserdampfdestillation, die Extraktion, die Enfleurage, die Mazeration und Auspreßverfahren.
Wasserdampfdestillation eignet sich nur für relativ beständige und wasserunlösliche Öle. Durch die Einwirkung von heißem Wasserdampf auf das Pflanzenmaterial finden chemische Veränderungen statt, deshalb riechen die destillierten Öle meist etwas anders als das Ausgangsmaterial. Um die Methode kostengünstig zu betreiben, müssen lohnende Mengen ätherischer Öle im Blüten- bzw. Pflanzenmaterial vorhanden sein. Die Destillation wird deshalb fast nur noch bei Orangeblüten und Rosen angewendet. Ein großer Nachteil der Wasserdampfdestillation ist die Löslichkeit wertvoller duftender Bestandteile im Destillationswasser, weshalb man die Wässer meist nochmals aufarbeiten muß.
Die weitaus ökonomischste Methode ist die Extraktion mit tiefsiedenden Lösungsmitteln wie z. B. Petroläther. Hierbei werden ätherische Öle, Wachse und Parafine durch das Lösungsmittel aus dem pflanzlichen Material herausgelöst. Ist das Lösungsmittel durch Vakuumdestillation wieder zurückgewonnen, bleiben die sogenannten »konkreten Öle« übrig, die bei der Sei-

fen- und Cremeherstellung eine Rolle spielen. Durch weitere Verfahren, bei denen mit verdünntem Alkohol gearbeitet wird, erhält man nach Abdestillieren des Alkohols schließlich die »absoluten Öle«. Sie werden als Grundlagen in der Feinparfümerie benutzt.
Die schonendsten Verfahren stellen die Enfleurage und die Mazeration dar. Sie haben heute kaum noch eine wirtschaftliche Bedeutung, da der große Zeitaufwand für die Handarbeit die gewonnenen Essenzen preislich unerschwinglich macht. Besonders empfindliche Blütenöle wie Tuberose oder Jasmin extrahierte man früher ausschließlich mit diesen Methoden.
Bei der Mazeration dienen fette Öle, wie Olivenöle als Träger der flüchtigen Duftstoffe, während bei der Enfleurage Rinder- oder Hammelfett zur Aufnahme der Blütendüfte verwendet werden. Nach Sättigung der Öle oder Fette mit den Duftstoffen wurden die wohlriechenden, gelösten Bestandteile durch Alkohol herausgezogen und weiterverarbeitet. Oft gelangten die Öle und Fette auch direkt als parfümierte Salben oder Pomaden zum Weiterverkauf.
Für experimentierfreudige Duftliebhaber läßt sich die Mazeration der Duftstoffe im »Heimverfahren« nachvollziehen. Dazu sammelt man die gewünschten Blüten oder Blätter und läßt sie nur solange trocknen, bis sie ledrig erscheinen. Das leicht angewelkte Material wird in

Enfleurage

Alte Destillationsapparatur im Duftmuseum Fragonard, Grasse.

Liste verschiedener chemischer Verbindungen, die im Geruch den aufgeführten Pflanzen gleichen.

Äthylazetat	Orange
Benzophenon	Rose
Benzylazetat	Jasmin
Bornylacetat	Kiefer
Citral	Zitrone
Cumarin	Heu
Eugenol	Gewürz-Nelken
Farnesol	Zedernholz
Geraniol	Rose
Heliotropin	Heliotrop
Hydroxycitronellal	Maiglöckchen
Jonon	Veilchen
Linalol	Lavendel
Linalylazetat	Citrus-früchte
Phenylazetaldehyd	Hyazinthe
Phenyläthylalkohol	Rose
Vanillin	Vanille

Farnesol

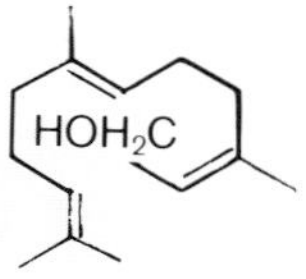

Geraniol

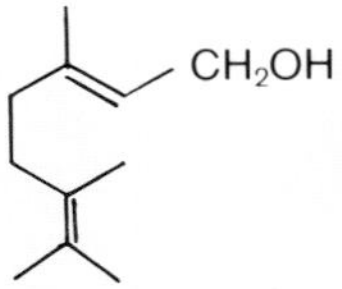

Vanillin

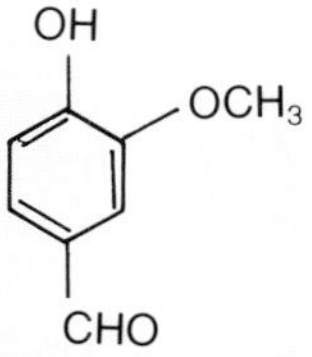

poröse Stoffsäckchen gefüllt und in ein entsprechend großes Gefäß voller Olivenöl gelegt. Nach einem Tag läßt man das Säckchen abtropfen, füllt mit neuem Blüten- oder Blattmaterial und wiederholt den Vorgang etwa 10–20 mal. Nach dieser Prozedur ist das Olivenöl mit dem Duftstoff gesättigt und kann als Duftöl verwendet werden. Wer noch einen Schritt weiter gehen möchte, füllt etwa mit der gleichen Menge Alkohol auf und schüttelt diese Mischung kräftig jeden Tag. Nach etwa einer Woche kann man den stark duftenden Alkohol abfüllen und erhält auf diese Weise sein individuelles »Absolue«.

Die Öle der Citrusfrüchte wie Orange, Mandarine, Limette, Bergamotte und Zitrone erhält man durch Preßverfahren. Wasserdampfverfahren kommen hierbei nicht in Frage,

Waldrebe (*Clematis montana* 'Rubens') als Wandbegrünung. Die zarten Honigdüfte der Blüten sind bereits im Mai wahrnehmbar. Langsam erwacht der Oleander (Vordergrund) aus seiner Winterruhe. ▷

da die Düfte hierunter stark leiden und Geruchsverschlechterung eintritt.
Eine Vorstellung von den Blüten- und Blättermengen, die hierbei verarbeitet werden, sollen folgende Zahlen andeuten.

So braucht man zur Herstellung von:
1 kg Narzissenöl (Jonquille) – 625 kg Blüten,
1 kg Neroliöl – 1000 kg Bitterorangenblüten,
1 kg Rosenöl – 700 kg Rosenblüten,
1 kg Jasminöl – 720 kg Jasminblüten, 1 kg Réunion-Geraniumöl – 500 kg Blätter.

Dabei muß man sich vergegenwärtigen, daß für 1 kg Jasmin etwa 10 000 Blüten gepflückt werden müssen! Die Ernte soll in den frühen Morgenstunden erfolgen, da hier die Ausbeute für den Nachtduft er Jasmin am höchsten ist. Eine flinke Pflückerin schafft etwa 5000 Blüten in der Stunde. Wen es interessiert, kann sich ja ausrechnen, wieviel Blüten bei einer normalen Jahresproduktion von etwa 700 t Jasminblüten gepflückt werden müssen.

Klassifizierung der Blüten- und Blattdüfte

Eine wissenschaftlich allgemein anerkannte Geruchsklassifizierung gibt es bis heute nicht. Bereits vor 230 Jahren stellte der berühmte schwedische Botaniker Carl von Linné ein System zur Klassifizierung der Gerüche vor. Auch späteren Beschreibungsversuchen gelang es nicht, die ausgeprägt individuellen Aspekte der Geruchsempfindung, die von verschiedenen Faktoren beeinflußt werden, zu einem anerkannten System zusammenfügen. Es ist berechtigt, daran zu zweifeln, ob es ein solches System überhaupt jemals geben kann.
Die Erforschung des Gerungssinns ist mithin noch in vollem Gange. Die folgende mehr beschreibende Unterteilung der Blütendüfte in zehn Hauptgruppen, sowie die Klassifizierung der Blattdüfte in vier Hauptgruppen unter Zuhilfenahme der Blütenduftgruppen, erscheint mir aus praktischen Gründen sehr nützlich.
Weit weniger Geruchsklassen benötigte H. Hennig als er vor etwa 65 Jahren blumige, fruchtige, würzige, harzige, brenzlige und faulige Grundnoten beschrieb.
Einen sympathischen, wenn auch sehr individuellen Versuch unternahm der berühmte Parfümeur Septimus Piesse. Seinem »Odophon« zufolge entsprachen alle Düfte Noten einer Dufttonleiter. Hierbei lassen sich hohe Noten wie Zitrone oder Basisnoten wie Patchouli auf dieser Tonleiter gut darstellen. Daß dem Jasmin als außergewöhnlichem Duft eine zentrale Stellung als »zweigestrichenes C« zukommt,

Blütenduft-Gruppen	Vorkommen in (Beispiele)	Beschreibung
Indol-Düfte	Aronstab, Osterluzei	typischer Verwesungsgeruch
Amin-Düfte	Felsenbirne, Feuerdorn, viele Doldenblütler	unangenehmer Zersetzungsduft nach Amoniak
Schwere Düfte	Lilium candidum, Tuberose, Bauernjasmin	in hohen Konzentrationen eher in Richtung Amin-Gruppe
Aromatische Düfte	Levkojen, Nelken, Gemshorn, Hyazinthe, Akazie, Duftwicke, Heliotrop, Balsamkraut	äußerst angenehme Wohlgerüche mit Zimt-, Nelken- und Vanilletönen
Veilchen-Düfte	Duftresede, Akazie, Märzenbecher	angenehmer Duft, der jedoch schnell »verschwindet«, durch Überreizung der Geruchsnerven
Rosen-Düfte	Rosenpelargonie, Damaszener-Rose	äußerst angenehm und ausgewogen
Zitronen-Düfte	Nachtkerzen-Arten, Verbene	erfrischende Note, häufiger in Blatt- als in Blütendüften zu finden
Fruchtige Düfte	Ananas, Freesien, Traubenhyazinthe, Gras-Iris	reine, nie aufdringliche Noten
Tier-Düfte	Kaiserkrone, Baldrian, Ochsenauge	moschusartige Düfte
Honig-Düfte	Buddleia, Mädesüß, Geißblatt	süß, angenehm, manchmal moschusartig

verwundert deshalb weder das akustische noch das olfaktorische Empfinden.
Die Blattdüfte sind in der Regel ausdauernder als die Blütendüfte. Meist nimmt die Intensität des Blattgeruchs mit der Zeit noch zu und hält auch nach dem Trocknen der Blätter noch an. Die Blattdufter lassen sich in vier Hauptgruppen einteilen:

Blattduft Gruppe	**Vorkommen in (Beispiele)**
Terpentin-Düfte	Kiefernadeln, Rosmarin
Kampfer- und Eukalyptus-Düfte	Salbei, Lavendel, Kamille, Wermut, Erdbeergewürzstrauch, Thymian, Myrte
Minzige Düfte	Minzen, Pelargonien
Schwefelige Düfte	Senf, Zwiebeln, Knoblauch

Einige Blattdüfte lassen sich auch ohne weiteres bei den Blütenduftgruppen einordnen.

Blattdüfte in Blütenduft Gruppe	**Vorkommen in (Beispiele) Blütenduft Gruppe**
aromatische Gruppe:	Weinraute, Mähdesüß, *Pelargonium fragrans* und *Pelargonium* 'Prince of Oranges'
Veilchen-Gruppe:	Iris-Wurzeln
Rosen-Gruppe:	alle Rosenpelargonien wie *P. capitatum, P. graveolens, P. radula* und *P.* 'Attar of Roses'
Zitronen-Gruppe:	Verbene, Eberraute, Melisse, *P. crispum, P. papilionaceum*
Fruchtige-Gruppe:	Apfel-Minze, Römische Kamille, Ananas-Salbei
Tier-Duft-Gruppe:	In Untertönen im Muskateller-Salbei, Ysop u. Diptam

Oft genug ist eine eindeutige Klassifizierung in genau eine der Gruppen nicht möglich. Der Diptam hat sowohl zitronige wie auch animalische Komponenten. Ebenso müßte die Eberraute zur aromatischen, wie zur zitronigen Duft-Gruppe eingeordnet werden.

Taglilie, *Hemerocallis flava* ▷

Einführung

Der Geruchssinn

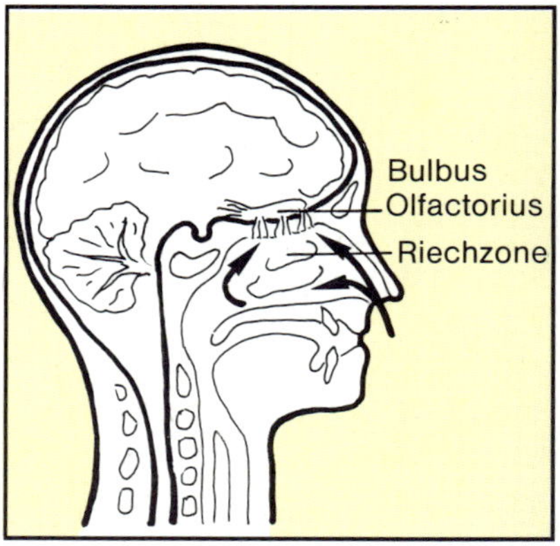

Schematische Darstellung des Geruchssinns.

Beim normalen Atmen wird die Luft durch die Nasenhöhle ohne Umwege über die Luftröhre zur Lunge geführt. Enthält die Atemluft Geruchsstoffe, so gelangen diese auch zur Riechschleimhaut, wo sie eine Art Reflex auslösen können. Durch das typische »Schnüffeln oder Schnuppern« gelangt die Atemluft in den höheren Teil der Nasenhöhle direkt auf die Riechzone (Regio olfactoria). Auf diesem 5–10 cm^2 großen Abschnitt sitzen etwa 10 Millionen Riechzellen, die gleichzeitig als Rezeptoren für die Vielzahl verschiedener »duftender« Moleküle dienen.
Die Empfindlichkeit gegenüber Riechstoffen ist sehr unterschiedlich. So können Mercaptane, das sind organische Schwefelverbindungen, schon bei Konzentrationen von $^1/_{1\,000\,000}$ mg pro Liter wahrgenommen werden, während Äther erst bei etwa 6 mg pro Liter den Geruchsreiz auslöst.
Von der Konzentration eines Stoffes hängt auch das Empfinden der Geruchsqualität ab. Starke Blumendüfte, wie die des Pfeifenstrauchs oder der Lilien beispielsweise, werden meist erst in sehr geringer Verdünnung als wohlriechend empfunden, während der stark konzentrierte Duft unangenehm in Erinnerung bleibt. So besitzt Skatol, der wesentliche Bestandteil im Kot, in niedrigen Konzentrationen Jasminduft, während erst höhere Konzentrationen zum »Himmel stinken«.
Die Zahl der Geruchsstoffe, die beim Menschen eindeutige Geruchsempfindungen bewirken können, ist jedoch äußerst klein. Neben den mehrere tausend bekannten Riechstoffen, die meist Mischempfindungen auslösen, gibt es kaum mehr als etwa 50 Stoffe, die reine Geruchsempfindungen hervorrufen.
In diesem Zusammenhang sei auch die Geruchsgewöhnung erwähnt, die sehr typisch für den Geruchssinn ist. Von der Anpassung oder Adaptation an Gerüche hat sich jeder selbst beim Zoobesuch überzeugen können. Zunächst erscheint der Raum vom Duft des Affen- oder Elefantenhauses ganz erfüllt, doch tritt nach kurzer Zeit Gewöhnung ein, und der anfangs strenge Geruch wird nicht mehr wahrgenommen. Die Adaptation bleibt auf den

Centifolie 'Paul Ricoult'

gerade vorherrschenden Geruch beschränkt, so daß der schweißgebadete Mitbesucher oder die parfümüberladene Mitbesucherin den Rezeptoren unserer Riechschleimhaut nicht verborgen bleiben.
Die Adaptation kann bei giftigen Geruchsstoffen für den Menschen lebensgefährlich werden, da durch die Gewöhnung die drohende Gefahr nicht mehr wahrgenommen wird.
Neben dem Phänomen der schnellen Geruchsgewöhnung ist das hohe Erinnerungsvermögen an unangenehme wie angenehme Gerüche ebenso erstaunlich. Wer kennt ihn nicht, den süßen Duft der Kindheit, den verträumten Duft der Jugendzeit. Lebhaft steigen alte liebgewonnene Bilder auf, wird man vom gleichen Wohlgeruch umgeben. Jedoch auch Krankheit und der Tod haben ihren unverwechselbaren Odem, der in gleicher Weise Erinnerung und Andenken bleibt.

Geruch und Emotion

Der Mensch ist befähigt, etwa 2000 bis 4000 verschiedene Gerüche zu unterscheiden. Die weite Spanne ergibt sich, da die Unterscheidungsfähigkeit von Gerüchen eine Frage des Trainings, der persönli-

chen Konstitution – Raucher sind im Riechvermögen eindeutig eingeschränkt –, des Alters und möglicherweise des Geschlechts ist. Diese eindrucksvolle Menge steht jedoch meist in krassem Gegensatz zum wenig bewußten Umgang mit unserem Geruchssinn.
Man sollte sich nur mal klarmachen, daß der Geruchssinn mit dem limbischen System, welches unser emotionales Verhalten steuert, in direkter Verbindung steht. Das heißt nichts anderes, als daß Geruchsinformationen unsere Gefühlswelt direkt beinflussen und nicht vom Willen kontrolliert werden. Freude, Lust, Angst, Hemmung und Wut können demnach von entsprechenden Gerüchen unmittelbar und ohne Umwege ausgelöst werden.
Viele Sprachwendungen weisen auf den engen Zusammenhang. Denjenigen, den man nicht »riechen« kann, geht man aus dem Weg oder man rät ihm dringend zu »verduften«. Wenn es mir so richtig »stinkt«, und ich habe »die Nase gestrichen voll«, dann ist es besser, die Wut erst einmal »verrauchen« zu lassen. Der enge Zusammenhang zwischen Geruchssinn und Gefühlswelt äußert sich aber auch sehr lebhaft in der Mimik. Am meisten beeindruckt die sichtbare Veränderung des Gesichtsausdrucks beim Einatmen angenehmster Düfte. Neugierige und gespannte Erwartungshaltung weicht gelöster Freude und lächelnder Zufriedenheit.

Duftstoffe im Wandel der Geschichte

Feine Duftstoffe begleiten die Menschen seit Urgedenken. Ägyptische Wandmalereien, Reliefe und Hieroglyphen-Übersetzungen bekunden die damalige hohe Wertschätzung edler Düfte. Um die Götter gnädig zu stimmen, verbrannte man große Mengen duftender Hölzer und Harze. Im Gilgamesch-Epos, der ältesten erhaltenen Dichtung aus der Zeit ca. 3000 v. Chr., wird berichtet, daß Zedernholz und Myrrhe duftend gen Himmel geschickt wurden.
Diese Rauchopfer bot man den Göttern als Dank für die wundervolle Rettung aus den gewaltigen Wassermassen der Sintflut.
Von hohem symbolischem Wert sind die Geschenke, die dem kleinen Jesus von den drei Königen aus dem Morgenland dargereicht wurden: Weihrauch, Gold und Myrrhe.
Vom exklusiven Gebrauch für Opferrituale oder Gottesdiensten und vom Gebrauch bei Königs- oder bei Totensalbungen fanden bald auch breitere Schichten Wohlgefallen an erlesenen pflanzlichen Düften. »Ein Tag ohne Wohlgeruch« war nicht nur bei den Pharaonen ein verlorener Tag. Griechen, Römer, Araber und schließlich auch die Europäer feierten Epochen intensivster Duftbetonung voller Sinnesfreude.
Freilich gab es gleichermaßen »duftneutrale«, sittenstrenge Zeiten, die

Deutsche Schwertlilie; die prächtige Staude wird in einer Vielzahl von Varietäten angeboten.

allen Wohlgerüchen abgeneigt schienen, und in denen manchen Sittenwächtern oft nichts Besseres gelang, als schöne Düfte mit dem Hauch der Sünde zu verdammen. Nach Jahrhunderten der mittelalterlichen Duftenthaltung ist es vielleicht kein Zufall gewesen, daß gerade Italien und Frankreich zu den glühendsten Abnehmern edler Essenzen wurden. Etwa seit Anfang des 16. Jahrhunderts entwickelte sich in dem kleinen Städtchen Grasse, im Süden von Frankreich, der intensive Anbau und die Verarbeitung von Duftpflanzen. Heute wird Grasse als Weltzentrum der Parfümindustrie bezeichnet. Ein Besuch der Duftküche Europas kommt dann auch einem Geschichtsgang gleich, voll Wohlgeruch, Gefühl und Phantasie.

Einführung

Die Pflanzenauswahl

Die Auswahl der Pflanzen für den Duftgarten, den Balkon oder die Terrasse kann und sollte nach ganz individuellen und subjektiven Gesichtspunkten erfolgen.
Bunte Pflanzpläne darzustellen brächte wegen unserer unterschiedlichen Duftwahrnehmung mit großer Sicherheit gar manche Enttäuschung.
Experimentieren Sie und komponieren Sie sich Ihre angenehmsten Wohlgerüche selbst. Disharmonische Pflanzenduft-Zusammenstellungen im Garten wird man meist sehr schnell wieder auseinanderpflanzen.
Der nebenstehend abgebildete Ausschnitt aus meiner »Duft-Küche« zeigt blattduftende Pflanzen neben »Augen«-Pflanzen in einer mir vertrauten Harmonie. Auch die Auswahl der folgenden Einzeldarstellungen und Pflanzentabellen stellt nur einen kleinen Ausschnitt aus der faszinierenden Welt der Pflanzendüfte dar.
Manchen typischen Blumenduft werden Sie vermissen und nach Veilchen, Oleander, Engelstrompete oder Flieder fragen. Mir erschien es bei gegebenem Rahmen wichtig auf die weniger bekannten und vergessenen Düfte aufmerksam zu machen.

Stechapfel, *Datura stramonium*

Der zu den Nachtschattengewächsen zählende Stechapfel hatte seine natürliche Verbreitung vom östlichen Nordamerika bis nach Mexiko. Heute ist dieser schöne Nachtdufter mit seinen großen Trompetenblüten in den warm-gemäßigten Zonen der ganzen Welt zu finden.
Der Namensursprung ist nicht ganz klar. *Datura* soll sich vom arabischen »tatorah, Röhrchen« ableiten und auf die Blütenform hinweisen. Mein Pflanzenbestand stammt aus einer ehemaligen Müllkippe im Hegau. Das typische Vorkommen dieses Stickstoffzeigers bleibt denn auch auf Müllplätze oder Schuttunkrautfluren beschränkt.
Wie vielen nachtduftenden Blumen entströmt der Blüte erst in den Abendstunden ein schwerer, unklar zu beschreibender Duft. Mein Duftempfinden deutet zwei Nuancierungen: eine süßlich-angenehme und eine stechend-unangenehme Komponente. Bei kurzem Schnuppern gelangt der Duft eines schweren Parfüms in die Nase, während zu langes Verweilen einen unangenehmen »Nachgeschmack« hinterläßt. Da für meine Nase der positive Eindruck überwiegt, bleibt die Pflanze als Gast in meinem Garten, wenn auch schon mal von ekelerregendem Gestank die Rede war.
Trotz der prächtigen Gesamterscheinung und der verschiedenen Duftempfingungen sei auf die starke

Stechapfel, ein starkwüchsiger Nachtdufter.

Giftigkeit hingewiesen. Der Artname *»stramonium«* bedeutet »Gift, das rasend macht«. Alle Teile enthalten die Alkaloide Hyoscyamin, Atropin und Scopolamin und wirken lähmend auf das Nervensystem.
Will man besonders große und kräftige Pflanzen ziehen, so sät man die Samen bereits im März in den Warmkasten und verpflanzt später, oder man bringt die Samen Anfang Mai an Ort und Stelle in den Boden aus. Der Stechapfel kommt in jedem Fall zu reichlichem Blütenansatz.

Ein- und Zweijährige

Über meinen Pflanzenbestand brauche ich mir keine Sorgen zu machen. Nach dem ersten Frost landen die meisten Pflanzen auf dem Komposthaufen. Beim alljährlichen Ausbringen des Kompostes verteile ich auch den Samen und wo eine Pflanze aufgeht, lasse ich sie wachsen.

Drachenkopf, *Dracocephalum moldavicum*

Der bei uns wenig bekannte Drachenkopf ist eine einjährige Sommerpflanze aus Osteuropa/Nordasien. Die zitronig aromatischen Blätter und die schönen blauen Lippenblüten machen diesen Blattdufter mit dem schauerlichen Namen zu einer kostbaren Gartenblume. Die in großer Anzahl vorhandenen Blüten, ein wenig dem Wiesensalbei ähnelnd, sitzen in Quirlen um den Stengel und werden sehr gerne von Wildbienen, zu denen auch die Hummeln gehören, und Honigbienen besucht. Leider sind in meinem Garten im letzten Jahr zuwenig Samen aufgegangen, und es war mir nicht möglich, praktische Einzelheiten, wie optimalen Aussaatzeitpunkt, Insektenfreundlichkeit, Standortansprüche der Pflanze oder, was mir bei Einjährigen am sympathischten ist, die Fähigkeit zur Selbstaussaat, näher kennenzulernen. Als Mitbewohner meines Duftgartens ist er – der Drachenkopf – aber auf jeden Fall akzeptiert und Samen für das nächste Jahr hat er auch reichlich angesetzt.

Der zierliche Drachenkopf mit dem martialischen Namen.

Es macht mir jedesmal große Freude, Freunden von neuen Errungenschaften im Garten erzählen zu können. Nicht ohne Entdecker- und Besitzerstolz läßt sich über Wissenswertes und Besinnliches berichten, läßt sich Interesse oder Begeisterung beim Zuhörer wecken. Und manchmal läßt sich ein Teil jener Freude, die der Beschäftigung mit Pflanzen innewohnt, weitergeben.

Bittere Schleifenblume, *Iberis amara*

Vermutlich ist die Bittere Schleifenblume kaum im Samenfachhandel zu bekommen, doch wäre sie würdig genug, den Weg dorthin wie auch in Liebhabergärten zu finden. Etwa bis in die 50er Jahre, bevor die intensive Landwirtschaft heutiger Prägung ausgeübt wurde, war die Bittere Schleifenblume ein typischer Begleiter der kalkhaltigen Getreideäcker. Zusammen mit dem Adonisröschen, der Kornrade, dem großblumigen Breitsame und anderen, jedoch weniger auffallenden Ackerunkräutern, steht sie heute auf der »Roten Liste« der gefährdeten Pflanzenarten der BRD an vorderster Stelle und gilt als vom Aussterben bedroht. In Baden-Württemberg ist die Pflanze bereits verschollen und nur noch im botanischen Garten der Universität Konstanz zu finden.

Ein Garten, der die Situation eines Ackers am ähnlichsten wiedergibt, könnte durchaus einen gleichwertigen Lebensraum für das wochenlang blühende Ackerunkraut darstellen. Die weiß-rötlichen Blütenteppiche, die schon im Frühsommer erblühen, sind ein willkommener Anblick und der Honigduft ein zusätzlicher Grund die Bittere Schleifenblume im Garten anzusiedeln.

An den Boden stellt die Schleifenblume keine besonderen Ansprüche, die Saat keimt recht gut und schnell und wird im April am dafür bestimmten Ort ausgebracht. In

Bittere Schleifenblume; duftendes »Ackerunkraut«, bestens für den Garten geeignet.

meinem Garten versamt sich der zart duftende und gerne von verschiedenen Bienenarten aufgesuchte Kreuzblütler sehr willig. Man kann die Pflanze also ohne große gärtnerische Anstrengung im Garten halten.

Wohlriechende Sonnenwende *Heliotropium suaveolens*

Die Wohlriechende Sonnenwende gehört zu den Borretschgewächsen und ist aus dem südosteuropäischen Raum zu uns gekommen. Neben dem oft angebotenen Heliotrop *(Heliotropium arborescens)* gibt es in Europa nur noch diese Art, deren Blüten ebenso stark duften. Dabei kann sich das hübsche Pflänzchen sehen lassen, zumal Liebhaber zierlicher Wuchsformen ebenso wie Freunde exotischer Düfte auf ihre Kosten kommen. Den weißen Blütentrauben entströmt ein feiner, voller Blütenduft, der nie aufdringlich wird. Die Keimung läßt ein paar Wochen auf sich warten, weshalb die Saatschalen nicht gleich in einem Anflug von Ungeduld verworfen werden sollten. Einmal gekeimt wachsen die Pflänzchen schnell und erfreuen durch ihre frühe und lange Blüte.
Die Wuchshöhe von etwa 30–40 cm macht diesen reizvollen Blütendufter auch für den Balkonkasten interessant.
Diese selten angebotene Duftpflanze, wie auch eine Reihe weiterer Arten, finden Sie in meinem Duftpflanzen-Programm (s. S. 124).

Auch Schmetterlinge mögen die weißen Blüten der Sonnenwende.

Duftwicke, *Lathyrus odoratus*

Die Garten- oder Wohlriechende Wicke, die ursprünglich aus Süditalien und Sizilien stammt, wird bei uns schon seit dem 18. Jahrhundert kultiviert.
Von den weltweit etwa 100 Arten der Gattung *Lathyrus* gibt es nur eine einzige Art, die Wohlgeruch auszubreiten vermag – die Duftwicke.
Um die Jahrhundertwende, dem Höhepunkt der Duftwickenzüchtungen, existierten über 250 verschiedene Varietäten. Unzählige Spielar-

Duftwicke; vortreffliches Rankgewächs für alte und häßliche Zäune.

ten in Blütenform, Farbe und Größe werden auch heute noch angeboten, doch ist bei manchen Kreuzungen der Duft, wie ich meine, teilweise auf der Strecke geblieben. In Großbritannien, dem Land der passionierten Blumenzüchter, gibt es denn auch heute noch eine Duftwickengesellschaft, die »National Sweet Pea Society«.
Die Mendelschen Vererbungsgesetze lassen sich übrigens an Schmetterlingsblütlern, wie der Wicke, sehr eindrucksvoll nachvollziehen und wer die Geduld aufbringt, kann sich in Duftwicken-Kreisen durchaus einen Namen machen.
Für meinen Duftgarten bevorzuge ich die purpurfarbenen Auslesen, die der ursprünglichen Form der Duftwicke am nächsten kommen.
Ohne Schwierigkeiten lassen sie sich bereits im März in Töpfen vorziehen. Den Wachstumsvorsprung danken sie mit reicher Blütenpracht.
Die meiste Freude hat man mit den Duftwicken, wenn man ihnen einen sonnigen Platz mit lockerem und gut mit Kompost versorgtem Boden angedeihen läßt.
Durch den kletternden Wuchs eignen sich Duftwicken hervorragend zur Begrünung unschöner Fassaden und Schuppen. Ein abgestorbener Baum oder Strauch im Garten läßt sich auf diese Weise in ein blühendes und duftendes Kleid stekken.
Schneidet man die Blüten regelmäßig ab und läßt keine Samenbildung zu, verlängert sich die Blühdauer

Gemshorn; duftgewaltige Nachtfalterblume.

bis in den Spätsommer. Die Duftwicke eignet sich bestens als Schnittblume, ein Strauß voller Blüten vermag ein Zimmer mit einem süß-fruchtigen Duft nach Honig und Orangen zu füllen.

Gemshorn, *Matthiola bicornis*

Eine der duftgewaltigsten einjährigen Pflanzen ist das Gemshorn. Wer die 6–8 cm langen Samenschoten des Kreuzblütlers betrachtet, dem erscheint die Namensgebung sogleich einleuchtend. Zwei hornähnliche Fortsätze, über deren Funktion ich mir noch keinen Reim machen konnte, zieren die Enden der Schötchen. Der wissenschaftliche Name geht auf den Botaniker Matthioli zurück.

Eine sehr passende Namensgebung für das Gemshorn entstand während der Blütezeit des englischen Königshauses Tudor zu Zeiten Elisabeth I. Nachtveilchen wurde es damals liebevoll genannt und zum Blühen und Duften in den Räumen aufgestellt, um den muffigen Geruch der Landhäuser und Rittersäle jener Zeit zu überdecken. Als »Damenveilchen« wurde es bei uns im 18. Jahrhundert bekannt. Man kultivierte die Pflanze in Töpfen und verwendete sie bevorzugt zum Parfümieren der Wohnräume.

Das Gemshorn ist die weniger bekannte Schwester unserer Garten-Levkoje. In ihrer Heimat, den Mittelmeerländern, wächst sie gerne an den steilen sonnigen Küsten. Kein Duft- und Gartenfreund, so möchte ich behaupten, wird die Pflanze je wieder missen wollen, hat er den betörenden Duft einmal genießen können.

Der geringe Bekanntheitsgrad mag von ihrem unscheinbaren, zerbrechlichen und bei Tage gar unansehnlichen Äußeren herrühren. Doch zeigt sich darin eben nur die eine Hälfte der Wahrheit. An trockenen lauen Sommerabenden verbreitet die Pflanze einen derart betörenden Duft, daß man sich kaum satt daran riechen kann. Ein gutes Parfüm könnte nicht besser komponiert sein. Vanille, Zimt und Nelken in blumigen Bouquet wären die Duftimpressionen, die ich spontan beschreiben würde.

Das Gemshorn wird wie die meisten nachtduftenden Pflanzen von Nachtfaltern besucht. Bei nächtlichen Duftproben im Garten braucht man meist nicht lange auf die blütenbesuchenden Nachtschwärmer warten. Gelegentlich bleibt es nicht aus, befremdliche Blicke seiner Mitmenschen auf sich zu ziehen, wird man zu dieser zugegeben unüblichen Zeit bei Gartenführungen beobachtet.
In meinem Garten habe ich dieses Jahr nach dem ersten Kennenlernen der wunderbaren Duftpflanze gleich noch eine zweite Portion Gemshornsamen nachgesät. Bis spät in den Oktober hinein ließ sich auf diese Weise die Duftsaison verlängern.
An den Boden werden geringe Ansprüche gestellt. Es eignen sich alle leeren Flecken im Garten, sei es ein Blumenzwiebelbeet, das im Juni nur noch welke Blätter zu zeigen hat, oder sei es ein Plätzchen unter Sträuchern. Am allerbesten finde ich die Möglichkeit, das Gemshorn unter dem Fenster auszusäen. Besser und erfrischender lassen sich Ihre Wohnräume nicht parfümieren. Mit ihrem niederliegenden Wuchs eignet sie sich gut zur Balkonkastenbepflanzung. Einen Blumenkasten voll dieser herrlichen Duftpflanzen, vor dem Schlafzimmerfenster plaziert, sorgt für süßen und geheimnisvollen Duft, von dem man sich angenehm in den Schlaf begleiten lassen kann.

Die Levkoje liebt sonnige Plätze.

Levkoje, *Matthiola incana*

Die anfangs bereits erwähnte Levkoje ist weitaus bekannter und häufiger in Gärten anzutreffen.
Alle heute erhältlichen Gartenlevkojen gehen auf den in Südeuropa wildwachsenden Halbstrauch *Matthiola incana* zurück. Auch hier trifft teilweise das für Duftwicken gesagte zu, daß Zuchtauswahl oft keine neuen Eigenschaften bringt, sondern nur die Betonung einer gewünschten Richtung. Für die Eigenschaft gefüllter oder besonders großer Blüten bleibt eine andere Eigenschaft auf der Strecke.
Bei Pflanzen, deren Überlebensstrategie es ist, durch Geruchstoffe Insekten anzulocken, ist der züchterische Verlust der Dufteigenschaft mit existentiellen Nachteilen für das

Fortbestehen der Art verbunden. Doch bietet sich dem Duftfreund ein weites Feld, auf dem er seiner Sammelleidenschaft frönen kann. Unzählige Sorten ließen sich einzig nach Duftkriterien heranziehen, bis man schließlich nach Jahren einen Stamm duftender Levkojen-Sorten sein eigen nennen kann. Eine von Levkojen-Liebhabern sicherlich beachtete und honorierte Tätigkeit.
Die variable einjährige bis ausdauernde Lebensform der Levkoje kann man ausnutzen, um sich das ganze Jahr über an blühenden Pflanzen zu erfreuen. Sie lassen sich entsprechend der Jahreszeiten in vier Gruppen aufteilen.
Die zweijährigen Kulturformen bilden im ersten Jahr nach der Aussaat im Juli kräftige Blattrosetten. Sie lassen sich im Gewächshaus vortreiben und zur spätwinterlichen Blüte bringen, die bis in den Frühling hinein dauern kann. Die Sommer-Levkojen sind schnellwüchsige Auslesen, die nach der Aussaat im März noch im gleichen Sommer blühen und bis in den Oktober reife Samen bringen. Die Herbst-Levkojen blühen bei Aussaat im März noch im Herbst des gleichen Jahres. Bei einer späteren Aussaat dieser Kulturformen im Juli/August kommen sie erst im folgenden Frühjahr zur Blüte. Gärtnereien mit Gewächshäusern gelingt es, die Spätaussaat noch im gleichen Winter zum Blühen zu bringen. Den meisten Hobbygärtnern wird dieser Aspekt vermutlich vorenthalten bleiben.
Die Kultur ist nicht immer einfach, und die Pflanzen sind anspruchsvoll, da sie weder zuviel Nässe, noch zuviel Sonne im Frühjahr vertragen. Vielleicht sind sie deshalb ein wenig aus der Mode gekommen, doch verdienen die Levkojen wegen ihres Duftes wesentlich mehr Beachtung.

Wunderblume, *Mirabilis jalapa*

Die spanischen und portugiesischen Konquistadoren brachten von ihren Eroberungszügen aus der Neuen Welt nicht nur eßbare Produkte wie Tomaten und Kartoffeln mit, sondern beispielsweise auch die Wunderblume oder das »Wunder aus Peru«. Im Gattungsnamen *Mirabilis* ist das »Wunder« dieser Pflanze angedeutet.
Das Außergewöhnliche der Wunderblume ist die Eigenschaft in gelben, weißen, rosa oder roten Blütenfarben zu erscheinen. Es handelt sich dabei aber nicht um verschiedene Zuchtformen der selben Pflanzenart, sondern um eine eigentümliche Besonderheit, die bisweilen an der gleichen Pflanze zu beobachten ist.
Als weiteres kleines Wunder offenbart sich das Öffnen der Blüten am Spätnachmittag, das durch einen starken, fruchtigen, an Orangen erinnernden Duft ins Bewußtsein tritt. Diese herrlich nachtduftende und

deshalb fleißig von Nachtfaltern aufgesuchte Pflanze wird bei uns am besten als Einjährige behandelt, obwohl sie im Ursprungsland eine mehrjährige Staude ist.
Jedes Jahr trage ich mich mit der Absicht, die Pflanze auszugraben und wie eine Dahlie oder eine Kübelpflanze zu überwintern, aber bisher ist mir dies noch nicht gelungen. Für dieses Jahr könnte ich den Vorsatz noch einmal fassen ...
Die großen Samen, die reichlich produziert werden, sammelt man sich während des ganzen Sommers, damit man im nächsten Frühjahr einen guten Vorrat davon hat. Sie keimen im April recht gut; die Pflanze wächst sehr schnell heran und fängt auch sehr bald zu blühen an. Von Woche zu Woche erfreue ich mich an immer mehr Blüten und an größerer Duftentfaltung. Nach der nächtlichen Duftfülle ist am kommenden Tag kein Geruch mehr wahrzunehmen, die Blüten verwelken schnell, die Samenbildung beginnt. Die Pflanze ist bis in den Herbst hinein sehr blühfreudig, an den kürzer werdenden Tagen des Spätsommers bleiben die Blüten auch tagsüber geöffnet.
Die Wunderblume besitzt noch einen anderen Namen, den man ihr in England gegeben hat. Dort heißt sie »Vier Uhr Pflanze«. Auch das nachzuprüfen ist mir bisher noch nicht geglückt. Noch nie war ich gerade dann in der Nähe, wenn eine Knospe sich anschickte, ihre Blütenblätter zu entfalten. Man müßte sich eben einfach einmal die Zeit für die »Vier Uhr Pflanze« und gleich noch für den »Fünf-Uhr-Tee« nehmen!

»Wunder von Peru«; Duft und Farbenpracht.

Basilienkraut, *Ocimum basilicum*

Welche köstlichen Gerichte man mit dem Basilienkraut zaubern kann, wissen wir nicht erst seit den großen Urlauberströmen in die Mittelmeerländer. Das Ursprungsland des Basilikums ist Indien. Nach der Überlieferung brachte Alexander der Große von seinen Feldzügen, die ihn auch nach Indien führten,

Samen dieser Pflanze mit. Alsbald wurde es im alten Griechenland als ein besonderes Kraut geschätzt.
Der Name Königskraut mag aus jener Zeit stammen, da im Artnamen *»basilicum«* das griechische Wort für »König« enthalten ist.
Der manchmal schwer zu beschreibende Duft, den die Blätter bei der leisesten Berührung freigeben, löst bei mir einen Reflex aus, bei dem mir das »Wasser im Munde zusammenläuft«, und ich bin geneigt, voller Appetit in etwas Imaginäres hineinbeißen zu wollen.
Über das als Gewürz heute hochgeschätzte Kraut ist in Kräuterbüchern viel berichtet worden, doch möchte ich eine bei uns weniger bekannte Art der Gattung *Ocimum* vorstellen.

Tulasi, eine in Indien heilige Pflanze.

Tulasi, *Ocimum sanctum*

Diese bei den Hindus geheiligte Pflanze ist auf dem gesamten indischen Subkontinent beheimatet.
Tulasi ist ein kleinwüchsiger Halbstrauch trockener Standorte, der bei uns jedoch nicht winterhart ist.
Das wunderbare Kraut verströmt ein noch intensiveres Duftgemisch als das Basilienkraut. Man glaubt einen Hauch Zimt, Gewürznelken, Reseda und Weihrauch zu erraten, und doch ist der Gesamteindruck sehr viel aromatischer und abgerundeter.
Man kann ein Blatt minutenlang zwischen den Fingern zerreiben; der anfänglich freigesetzte Duft wandelt sich, und andere allmählich freiwerdende Geruchskomponenten treten in den Vordergrund.
Was Tulasi dem Gewürzbasilikum voraus hat, ist das köstlich würzige und doch blumige Aroma, das auch nach dem Trocknen nicht verloren geht! Trockenen Stengeln und Blättern wohnt selbst nach Monaten der äußerst angenehme Duft inne, und auch beim Reiben der Samen verflüchtigen sich die köstlichen ätherischen Öle.
Ich schlage Tulasi-Begeisterten vor, ein Stoffsäckchen gefüllt mit Blättern, Stengeln und Samen bei sich zu tragen, um bei Bedarf daran zu

schnuppern. Da unsere Altvorderen das Kraut gegen melancholische Verstimmungen empfohlen haben, mag der Gedanke mit dem Duftsäckchen so abwegig nicht erscheinen.

Ich habe das Kraut bei den Einjährigen eingereiht, da es bereits im Aussaatjahr zur Blüte gelangt und am sinnvollsten alle Jahre neu ausgesät wird. Die Kultur ist unproblematisch, wenn der Aussaattermin nicht zu früh gewählt wird. Die besten Ergebnisse erzielt man, wenn die Samen unter Glas oder Folie keimen können. Später kann man die erstarkten Pflanzen vereinzeln und im Juni dann endgültig ins Freibeet pflanzen. Im Frühbeet, in einer Schale angezogen, ergeben sich überhaupt keine Probleme.

Es ist von Vorteil, wenn der Boden locker und gut mit Kompost angereichert ist, dann erhält man wunderschöne, kräftige Pflanzen, von denen genügend Samen geerntet werden können.

Gewöhnliche Nachtkerze, *Oenothera biennis*

Typische Standorte der Gewöhnlichen Nachtkerze sind Brachflächen auf Baulücken, sonnige Kiesgrubenhänge oder Bahndämme. Hier fühlt sich die ursprünglich aus Nordamerika stammende Pflanze

Nachtkerzen; Blütenduft nicht nur für den Naturgarten.

Duftnachtkerze mit rötlichen Blütenhüllen.

wohl und kann sich ungehindert ausbreiten. Auch sie zählt zu den Neueinwanderern und ist etwa seit Anfang des 17. Jahrhunderts bei uns eingebürgert.

Es gibt mehrere Gründe, dieser zweijährigen Pflanze ein kleines Plätzchen in einer Gartenecke zu gönnen.

Wunderschöne, faszinierende Bilder spielen sich allabendlich beim Öffnen der Knospen ab. Werden während des Tages die Blütenblätter von den Hochblättern noch fest umschlossen gehalten, so werden sie bei Beginn der Dämmerung plötzlich freigegeben und die Blüte entfaltet sich in kürzester Zeit. Was sonst nur mit hohem technischen Aufwand im Zeitraffertempo nachvollzogen werden kann, läßt sich mühelos jeden Abend von neuem bestaunen.

Das Schauspiel wiederholt sich Abend für Abend über Wochen hinweg, da die Nachtkerze eine immense Zahl von Blüten bilden kann. Die frisch geöffneten Blüten verströmen einen sehr angenehmen Duft, der vor allem Nachtfalter anlockt. Bei zu intensivem Schnuppern bekommt der Duft, ähnlich wie beim Stechapfel, eine leicht unangenehme Beinote. Tagsüber verwelken die dann duftlosen Blüten.

Außerdem werden wahrscheinlich Distelfinken in Ihren Garten einfliegen, wenn Sie Nachtkerzen ansiedeln. Sie lassen sich im Spätherbst oder Winter beobachten, wie sie mit großem Eifer an den Fruchtständen der Nachtkerze die Samen herauspicken. Bei der riesigen Zahl der Blüten ist die produzierte Samenmenge eine einträgliche Nahrungsquelle.

Man sollte der Pflanze im Garten dort einen Platz einräumen, wo es eher etwas verwildert und zugewachsen aussehen kann, etwa in der Nähe des Kompostplatzes. Als typischer Rohbodenpionier würde sie sich im bearbeiteten Gartenbeet zu sehr ausbreiten und könnte lästig werden.

Als optischer Anreiz ließe sich die Nachtkerze vor einen dunklen Hintergrund etwa ein dunkles Gebüsch pflanzen. Die hellgelbgeöffneten Blüten zeichnen sich dann sehr kontrastreich in der Dämmerung ab.

Eine ebenfalls sehr schön duftende, jedoch seltener zu erhaltende Art ist *Oenothera odorata* mit gewellten Blättern und rot anlaufenden Blüten.

Duftresede, *Reseda odorata*

Als Herkunftsland der Garten-Resede gilt Nordafrika. Nach der Überlieferung soll Napoleon I. während seines Ägyptenfeldzuges 1798/99 Bekanntschaft mit der Pflanze gemacht haben. Wohlwissend um die Schwäche seiner geliebten Josephine für ausgefallene Parfüme, lag es nahe, daß ihr diese neue aufregende Duftkomposition in Form einiger Samenkörnchen alsbald übermittelt wurde.
Ihr Geschmack schien getroffen; zumindest galt es für eine Zeitlang als schick, die Duftresede als Balkonpflanze zu kultivieren oder sich an ihr als Duftspender in den Salons zu erfreuen. So verhalf also die napoleonische Absicht, den Briten durch die Besetzung Ägyptens den Asienhandel zu vermiesen, einer neuen Duftpflanze zum Einzug in die Pariser Gesellschaft.
Diese Mode verbreitete sich alsbald bis nach England, aber erst Mitte des 19. Jahrhunderts fand die Resede Einzug in die Gärten.
Im 19. Jahrhundert geriet die Duftresede wegen ihrer unauffälligen Zierlichkeit und wegen des Auftauchens anderer »Modepflanzen« wieder in Vergessenheit. Es gibt einige Gründe sie aus ihrem Schattendasein herauszuführen.
Plinius, ein römischer Naturwissenschaftler (21–79 n. Chr.), dem wir viele Pflanzenbeschreibungen verdanken, erwähnt sie als beruhigend (lat.: resedare) und heilend, wobei er ihr die Kraft zuschrieb, viele Krankheiten wegzuzaubern.
Man könnte in diesem Zusammenhang mutmaßen, daß der wohlig angenehme Duft der Blüten ein rundherum belebendes Gefühl erzeugt und somit körperliches Unwohlsein leichter zu ertragen ist. Es wäre den Versuch wert, sich in mißmutigen Stimmungslagen dem Wohlgeruch dieser unscheinbaren Pflanze hinzugeben und so gute Laune in sich aufzunehmen.
Konnte ich mich bisher wenig für die Balkongärtnerei begeistern, so haben mich die vielen Möglichkeiten, die sich dem Freund der Blatt-

Duftresede mit lieblichem Veilchenduft.

und Blütendüfte bieten, eines Besseren belehrt.
Mehrere Sinne lassen sich gleichzeitig ansprechen, wenn man einmal statt der üblichen Geranienbepflanzung einer Duftbepflanzung den Vorzug gibt. Zugegeben, die Resede macht wegen ihrer kleinen Blüten nicht soviel her wie die in vielen Sorten angebotenen Hängegeranien. Die Entschädigung dafür läßt sich aber durchaus sehen oder, besser gesagt, riechen. Wann immer ich Lust habe, kann ich aus nächster Nähe meiner Balkonkästen einen tiefen Zug Wohligkeit in mich hineinsaugen.
Außerdem macht es großen Spaß dem emsigen Treiben der Wild- und Honigbienen zuzuschauen. Auch sie werden vom betörenden Resedenduft angelockt und sind ständig damit beschäftigt den Nektar von der Fülle der Blüten abzusammeln. Ein Imker hätte jedenfalls seine helle Freude daran.
Eine andere Möglichkeit böte sich, die Resede als Bodendecker in Pflanzlücken zu verwenden, wobei sie buschiger und reichblühender wächst, wenn man die Triebenden rechtzeitig entspitzt.
Auch läßt sich wie mit kaum einer anderen Pflanze der Zeitpunkt der Blüte verschieben. So erhält man eine Frühsommerblüte für das sonnige Fenster, wenn man im Herbst aussät und im Kalthaus oder in einem kalten trockenen Raum überwintert. Im zeitigen Frühjahr werden sie wieder ans Fenster gestellt, wo sie bald zu blühen beginnen. Sogar eine Winterblüte läßt sich durch Aussaat im August erzielen, jedoch ist der Duft bei dieser Methode wegen der fehlenden Sonneneinstrahlung bei weitem nicht so intensiv.
Eine interessante Beobachtung wird man machen, wenn man sich die kleinen reifen Samen mit Hilfe einer Lupe einmal näher anschaut. Am Samennabel, der Stelle, die bis zuletzt mit der Pflanze verbunden bleibt, ist ein kleiner, weißlich schwammiger Wulst erkennbar, den Ameisen gerne mögen. Sie tragen die vermeintliche Beute in ihre Höhlen und Gänge und sorgen somit für die Verbreitung der Samen. Die nach unten geöffneten Samenkapseln stellen eine äußerst erfolgreiche Anpassung an diese Art der Verbreitung dar, da den Ameisen der Zugang zu den begehrten Samenanhängseln sehr erleichtert wird. Andere *Reseda*-Arten, die vom Wind verbreitet werden, haben nämlich nach oben geöffnete Samenkapseln und kleinere Samen.
Der Trick mit den Ameisen will in unseren Breiten leider nicht so recht klappen. Zwar werden die Samen verschleppt, aber die erfolgreiche Keimung bleibt aus. Es mag an unseren strengen Wintern liegen, daß ich noch keine Selbstaussaat beobachten konnte, und so wird mir nichts anderes übrigbleiben, als diesen Handgriff jedes Jahr selber auszuführen.

Muskatellersalbei, *Salvia sclarea*

Der Muskatellersalbei ist in Mittelmeerländern beheimatet. Das zweijährige Kraut wurde früher als Arzneipflanze in der Augenheilkunde verwendet. Der botanische Artname »*sclarea*« leitet sich von clarus, rein, ab und deutet auf seine Verwendung in der Augenheilkunde hin.
Die Blätter wurden früher auf entzündete oder müde Augen gelegt, die Samenkörner steckte man sogar unter das Augenlid, wo sie eine klebrige Masse erzeugten und dadurch halfen, Fremdkörper aus dem Auge zu entfernen.
Die handtellergroßen Blätter wurden früher ebenso gerne wie für die Augenheilkunde in Duftsäckchen oder für Duftmischungen im Potpourri verwendet. Im Mittelalter galten die in Butter gedünsteten Blätter gar als schmackhaftes Gemüse zu Fleisch- und Eierspeisen. Zur letztgenannten Verwendung konnte ich mich jedoch noch nicht entschließen.
Für meine Begriffe duften die frischen Blätter nicht sonderlich wohlriechend. Beim Reiben entweicht ein nicht ganz angenehmer zitroniger, an Grapefruit erinnernder Geruch, der jedoch bei älteren Pflanzen und beim ätherischen Öl, das aus dem Muskatellersalbei gewonnen wird, weicher, süßer und angenehmer wird und dann dem typischen Geruch reifer Muskatellertrauben ausgesprochen ähnlich wird. Das destillierte Öl aus den Blättern wird deshalb heute hauptsächlich zum Aromatisieren von Weinen benutzt. Ein weiterer sehr wichtiger Anwendungsbereich des ätherischen Extrakts liegt in der Verwendung als Fixativ bei der Parfümherstellung.
Die Aussaat erfolgt im April problemlos an Ort und Stelle, wo man jedoch später die Pflanzen vereinzeln sollte. In voller Blüte und Größe ist der Muskatellersalbei eine außerordentlich beeindruckende Erscheinung, die jedoch im Garten nicht immer zur Zufriedenheit zur Blüte gelangt. Die einjährigen Blattrosetten werden darum im Winter besser mit Zweigen oder ähnlichen Materialien abgedeckt, damit die Pflanze nicht erfriert.

Der zweijährige Muskateller-Salbei für den Einzelstand.

Kalmus, *Acorus calamus*

Pflanzen, die nach dem Jahr der Entdeckung Amerikas, 1492 über die neu geschaffenen Verkehrsverbindungen bei uns einwanderten und seit dieser Zeit bei uns leben, werden Neophyten (Neubürger) genannt. In der Bundesrepublik Deutschland sind dies immerhin 224 Arten, die ungewollt als Samen oder ganz bewußt als Zier-, Nutz- oder Arzneipflanzen eingeführt worden sind. Der Kalmus, dessen Heimat das subtropische Süd- und Ostasien ist, gehört auch zu jenen Neubürgern.

Er ist eine alte Heilpflanze, die bereits in der fünfbändigen Arzneimittellehre des Dioskurides (ca. 50 n. Chr.) beschrieben wird. Dieses botanische Werk galt als großes Vorbild für die mittelalterlichen Kräuterbücher, und so mag es nicht verwundern, daß der Kalmus bei uns etwa im 16. Jahrhundert eingeführt wurde. Inzwischen ist die Pflanze an Altwässern und Ufern stehender oder langsam fließender Gewässer verwildert und in manchen Gegenden recht häufig zu finden.

Manchmal kann ich mich des Eindrucks nicht erwehren, daß besondere Affinitäten zwischen verschiedenen Menschen und ganz bestimmten Pflanzenarten bestehen. Für mich ist der Kalmus eine solche Pflanze, zu der ich mich, vor allem wegen ihres Geruchs, stark hingezogen fühle. Der sehr eigene, würzig fruchtige Duft, der mich ein wenig an Zimt mit einer kampferartigen Beinote erinnert, ist am eindeutigsten getroffen, wenn man ihn als »Kalmus-Duft« beschreibt. Die Pflanze verströmt diesen Geruch jedoch erst, wenn man ihre Blätter verletzt, und die ätherischen Öle entweichen können.

Dem Kalmus-Öl kam früher wie heute große Bedeutung zu. Schon die Antike schätzte es als beliebten Bestandteil der damals verwendeten Duftöle. Im Alten Testament wird es als Ingredienz eines heiligen Salböls, das aus Myrrhe, Zimt, Kassia und Kalmus bestand, erwähnt. Im 17. und 18. Jahrhundert, als schwere Düfte sehr beliebt waren, wurde das ätherische Öl gerne zu holzigen, süß würzigen Parfüm-Typen beigemengt.

Auch heute wird Kalmusöl von der Kosmetikindustrie bei der Parfümherstellung, bei der Produktion von Mundwässern und als Zusatz bei der Magenbitterherstellung verwendet.

Auch wenn der Kalmus wegen seiner kriechenden Rhizome zum Wuchern neigt, empfehle ich duftliebenden Teichbesitzern, ihren Pflanzenbestand um diesen Blattgenuß zu bereichern. Vielleicht ist sogar neben dem Teich auf dem Rasengrün eine quadratmetergroße Fläche übrig, auf der sich der Kalmus nach der Folienmethode (siehe S. 54) ausbringen ließe. So wären

Kalmus; Duftpflanze des Altertums.

die Pflanzen von allen Seiten zugänglich, und man kann verhindern, daß sie den Teich überwuchern. Dennoch ist nach einigen Jahren großzügiges Auslichten notwendig, nur, es wäre viel zu schade, die Kalmus-Blattmassen einfach auf den Komposthaufen zu werfen. Mein Vorschlag: Schneiden Sie die schwertförmigen Blätter mitsamt dem Wurzelstock in kleine Scheibchen und Stückchen, streuen Sie diese Schnipsel auf ihre Veranda, den Balkon, die Terrasse oder auf sonst eine ebene Fläche und schreiten sie dann gemächlich über derart ausgebreiteten Kalmus-Teppich. Die Blätter werden zerdrückt und gequetscht, und es entweichen ätherische Duftschwaden voll würzigen Wohlgeruchs.

Die seltsame Blüte des Kalmus vermag den Betrachter ebenso in Verwunderung zu versetzen wie der Duft. Hunderte winzig kleine Einzelblüten bilden den bis zu 10 cm langen Blütenkolben, der in unseren Breiten jedoch steril bleibt. Der Kalmus gehört in die Familie der Aronstabgewächse, die vornehmlich von Insekten und Schnecken bestäubt werden. Die Pollen reifen bei uns aber nie aus, so daß Befruchtung und Samenansatz unterbleiben.

Großes Windröschen, *Anemone sylvestris*

Ein naher Verwandter des bekannten Buschwindröschen ist das Große Windröschen. Recht selten ist es an trockenen Waldrändern und Böschungen zu finden, wo es gerne zusammen mit Arten trockener Waldsäume, wie dem Blutstorchschnabel, wächst.

Die Art gilt heute im ganzen Bundesgebiet als gefährdet, da die großen weißen Blüten zum Ausgraben locken und das Buschwindröschen deshalb an vielen Stellen ausgerottet ist. In diesem Zusammenhang sei jedoch auf die vielen Staudengärtnereien hingewiesen, die die unproblematische Pflanze kultivieren und für ein paar Mark anbieten. Sind die natürlichen Standorte erst ein-

Großes Windröschen; Blütenpracht mit zartem Honigduft.

mal zerstört, findet in der Regel heute keine Neubesiedelung mehr statt. Die Folge davon ist, daß unsere Landschaft mehr und mehr an Tier- und Pflanzenarten verarmt.
Meines Wissens ist das Große Windröschen einziges Mitglied der großen Familie der Hahnenfußgewächse, welches duftbefähigt ist. Wenn auch nicht übermäßig intensiv, so ist der zarte, süßwürzige Duft doch vernehmbar und tritt deutlich in den Vordergrund, wenn sich nach Jahren große leuchtend weiße Blütenteppiche ausgebreitet haben. Ich mag nur Mutmaßungen darüber anstellen, ob der Name »Schokoladenblume«, wie er in der Gegend von Gotha in Thüringen gebraucht wird, in Zusammenhang mit dem feinen Honigaroma zu bringen ist.
Im Garten lassen sich etliche Plätzchen finden, wo sich dieser wunderschöne Bodendecker ausbreiten könnte. Ein dem natürlichen Standort nachempfundener Pflanzort wäre die sonnige Südseite im Halbschatten einer Hecke, eines Gebüschs oder unter Bäumen. Für sonnige Stellen im Garten eignet sich das Große Windröschen ebenso prächtig wie als Lückenfüller zwischen größeren Staudenpflanzungen.
Nach der außergewöhnlich langen Blütezeit von Mitte April bis Anfang Juni wird im Spätsommer oft eine zweite Blüte angesetzt, die aller-

dings nicht mehr ganz so üppig wie die erste ausfällt. Ob Früh- oder Spätblüte, immer ist der Pollen-Tisch für Hummeln und Bienen sehr reichlich gedeckt. Die nektarlosen Blüten produzieren dieses wichtige Nahrungsmittel in unglaublich großen Mengen. Auf jeder Einzelblüte werden etwa 1–2 Millionen Pollenkörnern angeboten, die hauptsächlich zur Fütterung der jungen Immenbrut gesammelt werden. Wem fallen bei dieser Gelegenheit nicht die gelbgepuderten und dick bepackten Hinterbeine der fleißigen Bienen ein, wie sie an schönen Sommertagen in der Nähe eines lohnenden Futterplatzes oft zu sehen sind.
Die Frucht bildet einen weißen wolligen Flaum mit hunderten flugfähiger Samen, die vom Wind verbreitet werden. Die Aussaat ist jedoch kaum lohnend und manchmal mühsam, weshalb man sich am besten mit der Ausläufervermehrung begnügen sollte.

Seidenpflanze, *Asclepias syriaca*

Die Seidenpflanze gehört zur Familie der Schwalbwurz-Gewächse, die bei uns mit einer einzigen Art, der Schwalbwurz, vertreten ist. Weltweit gibt es etwa 60 Arten, worunter die Wachsblume *(Hoya carnosa),* ebenfalls stark duftend, bei uns als Zimmerpflanze recht wohl bekannt ist. Früher wurde die Seidenpflanze zur Faser- und Gespinstgewinnung kultiviert. Heute sieht man sie nur noch hier und da als Zierpflanze in älteren Gärten.
Die Seidenpflanze ist eine recht imposante und wüchsige Erscheinung. Im Garten sollte sie deshalb im Zaum gehalten werden. Sie eignet sich wegen ihres starken Wuchses bestens zum Verwildern an feuchten Stellen rund um den Gartenteich. Auch ein frisches, aber sonniges Plätzchen vor einer Hecke behagt der Ausläufertreibenden Staude. Die großen graufilzigen, an die Tabakpflanze erinnernden Blätter und die faustgroßen Blütendolden mit einer Vielzahl kleiner grünlich roter Blüten unterstreichen das prächtige Gesamtbild der Pflanze. Zu der mehrere Wochen dauernden Blütezeit, in den Monaten Juli/August, lockt der starke und fruchtige Honigduft unzählige Bienen an. Aus diesem Grund wurde sie gelegentlich auch als Bienenfutterpflanze angebaut. Aus der Vielzahl der Blüten entsteht eine einzige, etwa daumendicke Samenkapsel. Zur Reifezeit quellen aus den Kapseln dutzende flugfähiger Samen. Die wunderschönen, seidig glänzenden Fallschirme, von denen sich der deutsche Name ableitet, stellen eine hervorragende, gut funktionierende Verbreitungsmöglichkeit dar. Es macht sehr großen Spaß eine Samenkapsel zu öffnen. Auf engstem Raum zusammengefaltet drän-

Die Seidenpflanze, wuchernder Blütendufter.

gen sich die schirmtragenden Samen, und als ob sie nur darauf gewartet hätten, quellen sie aus der engen Kapsel und entfalten sich zu ihrer bizarren Schönheit. Es ist kaum zu begreifen, welche Samenmengen sich ins Freie drängen, um auf unbekannten Wegen fortzuschweben und vielleicht irgendwo eine neue Kolonie zu begründen.

Goldlack, *Cheiranthus cheiri*

Der auch heute noch bekannte und beliebte Goldlack stammt aus dem östlichen Mittelmeergebiet. In seiner Heimat gedeiht er in voller Sonne und auf kalkreichen Böden als ausdauernder Halbstrauch. Die Kultur der Heil- und Zierpflanze ist bereits aus dem Altertum bekannt und findet bei Plinius und Dioskurides erste Erwähnung.

Der starke veilchenähnliche Duft hat wohl schon früh zu der Verbreitung dieses Kreuzblütlers beigetragen. Sehr wahrscheinlich gelangte der Goldlack als Mitbringsel der Kreuzritter zu uns nach Mitteleuropa. In den Gärten der Ritterburgen muß die Pflanze sehr beliebt gewesen sein, zumal die Minnesänger jener Zeit das »Gelbveigelein« in ihren Liedern häufig priesen. Bei uns wird der Goldlack denn auch als Begleitpflanze der Stadtmauern von Basel und Köln erstmals im 16. Jahrhundert erwähnt. Vielfach ist sie auch heute noch bei den Ruinen mittelalterlicher Burgen zu finden, wo sie sich an geschützten Stellen über die Jahrhunderte halten konnte.

Aus den Burgen und Schlössern fand der Goldlack schließlich Einzug in die Bauerngärten. Unter der liebevollen Pflege der Bäuerin konnten hier manche Bestände bis in unsere Zeit überdauern.

Es lohnt sich auch heute, eine möglichst große Fläche im Garten für diesen herrlichen Mai-Dufter bereitzustellen. Ein sonniger Hang von ein paar Quadratmetern eignet sich bestens zu Anlage buntblühender Goldlackteppiche. Das breite Farbenspektrum von cremigen Gelbtönen zu dunklen Braun- bis hin zu Orange-, Rot- und Rosatönen zaubert wunderschöne Eindrücke voller Farbe und Duft. Der samtige Schim-

Goldlack; Blütenteppich voller Duft.

Für »Ungeduldige« werden heute obendrein sehr schnellwüchsige Sorten angeboten, die nach Aussaat am Fensterbrett im Februar bereits im Juni/Juli des gleichen Jahres blühen. Für ausgesprochene Goldlack-Duftliebhaber bieten sich Folgesaaten bis in den April hinein an. Die Duftsaison läßt sich um Monate verlängern und die kleine Mühe der ständigen Aussaat schnell wieder vergessen.
Welche Methode einem am meisten zusagt, sollte am besten jeder vor Ort selber ausprobieren. Manchmal sät sich das »Gelbveigelein« auch sehr gut selbst aus, und man kann sich die jährliche Aussaat sparen.

mer der Blüten erhöht die Farbwirkung wohl nicht nur für das menschliche Auge, denn Bienen und Hummeln werden wie magisch angezogen.
Manchmal glaubt man im lieblichen Geruch auch einen Hauch von Gewürznelken und Weißdorn zu verspüren, und es fällt nicht schwer, der Faszination dieser Duftkomposition zu erliegen. Da der Blütenflor im zweiten Jahr am reichhaltigsten ist, wäre es die Mühe wert, jedes Jahr im zeitigen Frühjahr neue Aussaaten vorzunehmen. Bei mäßig kalten Wintern halten sich die alten, bereits mehrjährigen Bestände im Garten ebenfalls sehr gut, wenn auch nicht mehr ganz so reichlich blühend.

Marienblatt, Balsamkraut, *Chrysanthemum balsamita*

Das Balsamkraut kommt aus dem vorderasiatischen Raum. In vielen Mittelmeerländern, aber auch in Mitteleuropa gilt es seit dem frühen Mittelalter als eingebürgert. Die ausgeprägte Marienverehrung des frühen Mittelalters prägte die Namen vieler aromatischer Pflanzen, unter anderem auch den des Marienblatts. Der Name »Bibelpflanze«, den die frühen Siedler in Amerika der Pflanze gaben, hat ihren Ursprung in der Angewohnheit, die Blätter in Gesangbücher oder Bibeln zu legen, wo sie jahrelang als duftende Lesezeichen dienten. Dieser Brauch erinnert an die früher bei

uns übliche Verwendung des Balsamkrauts als »Schmeckerblatt«.
In der berühmten Landgüterverordnung von 796, im »Capitulare de villis«, wurde das Kraut sogar als anbaupflichtige Nutzpflanze beschrieben. Vereinzelt findet man das Balsamkraut noch in alten Bauerngärten oder stellenweise verwildert in der fränkischen Schweiz. Als Arzneipflanze war das Marienblatt im 16. und 17. Jahrhundert allgemein gebräuchlich und wegen des angenehmen Geruchs sehr beliebt.
In manchen Gegenden wurden die Blätter der Pflanze in Eier- und Pflaumenkuchen gebacken und die Engländer verwendeten es gerne zum Aromatisieren und Klären ihres Bieres, obwohl für diesen Zweck wohl eher die Abart *C. balsamita tanacetoides* gemeint war.
Angenehm empfinde ich die Vorstellung, das Waschwasser mit Balsamkraut zu parfümieren, wie es in früheren Zeiten ebenfalls üblich war.
Obwohl heute das Kraut kaum mehr bekannt und äußerst selten im Sortiment der Staudengärtnereien zu finden ist, empfehle ich jedem Blattduft-Freund eine Balsamkrautecke. Der frische, balsamische Duft, der entsteht, wenn die Blätter zwischen den Fingern gerieben werden, ist zu köstlich, um nicht jederzeit aus dem Garten hervorgezaubert werden zu können.
Manchmal nenne ich die Pflanze etwas respektlos »Kaugummipflanze«. Vor allem Kinder sind jedesmal sehr beeindruckt, wenn eine Pflanze »wie Kaugummi« riecht. Meistens kann ich mir nicht verkneifen, darauf hinzuweisen, daß der Zusammenhang eigentlich ein anderer ist. Der Spearmint-Kaugummi riecht wie die Pflanze und nicht umgekehrt! Mir erscheint der kleine Unterschied wesentlich, aber es führt in diesem Rahmen vermutlich zu weit, diesen Gedanken fortzuentwickeln.
Zumindest gilt der besagte Vergleich in aller Regel als sicheres verkaufsförderndes Argument. Auf diese Weise gelingt mir recht effektiv die lokale Verbreitung dieser zu unrecht vergessenen Pflanzenart. Abgesehen von der rein materiellen

Das Balsamkraut mit »Kaugummi-Aroma«.

Argumentation, lohnt sich die Ansiedlung des Balsamkrauts auch unter anderen Gesichtspunkten. Die Blätter eignen sich ausgezeichnet für ein blattduftendes Potpourrie, da der intensive Balsamduft auch nach dem Trocknen nicht verloren geht.
Es mag sein, daß auch das Balsamkraut ein Opfer jener Modeblumenzeit wurde, als einzig große und auffallende Blüten en vogue waren. Bei einem solchen Vergleich hätten die recht unscheinbaren Blüten dieses Korbblütlers ziemlich schnell aufgeben müssen. Der Blütenstand erinnert ein wenig an die kleinen strahlenlosen Blütenköpfchen des Rainfarns. Die Blütezeit liegt in den Monaten September/Oktober und bietet dadurch vielen Insekten späte Nahrung.

Rainfarn; Wucherpflanze für die Gartenecke.

Mutterkraut, *Chrysanthemum parthenium*

Zwei weitere sehr dekorative Verwandte aus der großen Wucherblumen-Familie sind *Chrysanthemum parthenium* (Mutterkraut) aus dem Vorderen Orient und der einheimische Rainfarn *(Chrysanthemum vulgare)*.
Bereits die griechische und römische Antike wußte um die Anwendung des Mutterkrauts, das seine Verbreitung über Spanien nach Mitteleuropa fand.
Das Mutterkraut ist äußerst reichblühend und erinnert mit den unzähligen weißen Blütenköpfchen an die Kamille. Als Heilpflanze mit fiebersenkenden Eigenschaften sowie bei Frauenkrankheiten findet das Kraut bis heute, vor allem in südeuropäischen Ländern als volkstümliches Mittel gerne Verwendung.
In einer Duftsammlung darf das Mutterkraut natürlich nicht fehlen. Mich erinnert das ätherische Öl, das beim Reiben der Blätter entweicht, sehr stark an meine Kindheit. Bei den ersten Anzeichen einer Erkältung wurde mir regelmäßig die Brust mit einer schmierig-fettigen Masse gegen Husten eingerieben; vor lauter angeblich heilender Dämpfe konnte ich dann kaum mehr atmen. So müßte ich konsequenterweise nach der »Kaugummi-Pflanze« das Mutterkraut als »Einreibe-Pflanze« vorstellen.

Mutterkraut; aromatischer Kampferduft.

Inzwischen empfinde ich den Geruch des Mutterkrauts nicht mehr ganz so unangenehm, zumal ich diese kampferartigen Blattdüfte heute ohne das »Einreiben« erleben kann.
Auch der Rainfarn verdient es durchaus, im Naturgarten angesiedelt zu werden. Die hübschen, filigranen Blätter und die vielen kleinen strahlenlosen Blütenköpfchen machen die Pflanze zum attraktiven Gartenbewohner. Die stark aromatisch riechenden Blätter mögen der Ausschlag dafür sein, der Pflanze eine sonnige Ecke im Garten zu überlassen, wo sie ungestört wuchern darf.
Liebend gerne werden die kleinen Röhrenblüten aller drei vorgestellten Chrysanthemum-Arten von verschiedenen Bienen-, Hummel- und Schwebfliegenarten aufgesucht.

Vom Balsamkraut und dem Rainfarn besorgt man sich am besten einen Ableger, während man das Mutterkraut sehr gut aussäen kann. Bei letzterem sollte die starke Versamungstendenz berücksichtigt werden. Mit einem Plätzchen in der Garten- oder Sträucherecke wäre die Pflanze durchaus zufrieden.

Maiglöckchen, *Convallaria majalis*

Die zu den Liliengewächsen zählende Gattung *Convallaria* hat nur eine einzige Art, das Maiglöckchen. Die nächsten Verwandten sind im östlichen Asien zu Hause.
Die Engländer bezeichnen die Pflanze als »Lily of the valley«, Lilie des Tales. Dies ist die exakte Übersetzung des botanischen Namens

Das Maiglöckchen; der Inbegriff für betörenden Duft.

»Convallaria«. Dort im Tal, im Halbschatten der Bäume fühlt sie sich auch am wohlsten, und wer das Glück hat in der Nähe eines naturnahen Laubwaldes mit Kolonien dieser entzückenden Frühjahrsblume zu wohnen, wird den stets angenehm bleibenden, intensiven Duft der kleinen weißen Glöckchen für immer in Erinnerung behalten.

Das ätherische Öl, das im Mai den Blüten entströmt, enthält unter anderem den wohlriechenden Bestandteil Farnesol, der im Flieder, in der Lindenblüte, sowie den Blüten der Robinie enthalten ist. Es mag jener Bestandteil sein, dem die unvergleichliche Komposition ihren Zauber verleiht.

Das Maiglöckchen ist in ganz Europa zu Hause und gehört wohl zu den bekanntesten Frühlingsduftern. Meist wächst es in lichten Laubwäldern, seinem natürlichen Standort. Dort werden gerne tiefgründige frische Böden besiedelt, wo sich der Mullboden-Kriecher mit seinen unterirdischen Ausläufern schnell ausbreitet. Die nach unten hängenden Glöckchen werden von Hummeln,

Honigbienen und Mauerbienen besucht, die den angebotenen Pollen gerne sammeln.
Das Maiglöckchen war früher häufiger in den Gärten zu finden. Optimale Wachstumsbedingungen finden Maiglöckchen am schattigen Fuße von Strächerpflanzungen.
Die beschattete Nordseite des Hauses bietet neben der Eibe oder dem Efeu sicher noch ein kleines Plätzchen, auf dem sich Schlüsselblumen, Waldmeister und Bärlauch und auch noch das Maiglöckchen ausbreiten können.
Einmal in einer Ecke des Gartens angesiedelt, dauert es gar nicht so lange, bis sich ungeniert ein Maiglöckchenstrauß aus dem Gartenbiotop pflücken läßt.
Weder rosa gefärbte Sorten, noch die angebotenen Sorten mit gefüllten Blüten, bei denen man auch auf das Schauspiel des Insektenbesuchs verzichten muß, können mit der Wildform konkurrieren.
Tagelang hält der süßeste aller Pflanzendüfte auch im Zimmer und verbreitet freudige Gedanken an die bevorstehende Sommerzeit. Ist der Strauß verblüht, so läßt sich aus den getrockneten Blüten leicht ein Niespulver herstellen, das außerdem Bestandteil des bekannten Schneeberger Schnupftabaks ist.
Trotz der schlichten Schönheit soll die Giftigkeit des Maiglöckchens nicht unerwähnt bleiben. Die Wirkung ist ähnlich dem Digitalis-Wirkstoff aus dem Fingerhut.

Pracht-Nelke, *Dianthus superbus*

Der Gattungsname der Nelken leitet sich vom griechischen »Dios anthos« ab, was soviel wie Zeusblume bedeutet. Man kann sich in Anbetracht der schlichten Schönheit und des edlen Wohlgeruchs dieser Gewächse ganz gut vorstellen, daß sie damals hohes Ansehen genossen. Schenkt man der griechischen Mythologie Glauben, so waren sie dem Gottvater Zeus heilig.
So exotisch filigran die gefransten Blüten anzusehen sind, so fremd wirkt der betörend süße Duft. Ihm fehlt die typische Komponente des Nelkendufts.
Tagfalter kommen bei dieser Nelkenart ausnahmsweise nicht zum Zuge. Sie gelangen mit ihren Saugrüsseln nicht bis zum Sitz des Nektars. Der ist langrüsseligen Tagschwärmern wie dem Taubenschwänzchen vorbehalten.
Während die meisten unserer einheimischen Nelkenarten eher trokkene, kalk- oder silikathaltige Böden bevorzugen, bleibt die Pracht-Nelke an ihrem natürlichen Standort auf Riedwiesen und Moorwiesen und Grabenränder beschränkt. Sie wächst gerne auf nährstoffreichen kalkhaltigen Böden und gelangt erst recht spät, in den Monaten Juli/August zur Blüte.
Ich habe versucht, mit ein paar Quadratmetern in den Boden eingegrabener Folie eine Riedwiesensitua-

Prachtnelke; Vanilleduft am Feuchtbiotop.

tion im Garten so gut wie möglich nachzumachen. Dazu schaufelt man sich zuerst ein etwa 0,5 m tiefes, je nach Gartengröße breites oder längeres Loch, in das man die Folie einbringt. Legt man Wert auf ein dauerhaftes Sumpfbeet, dann ist es am sichersten Teichfolie zu verwenden. Danach füllt man mit dem Aushub wieder auf und schneidet die Folie knapp über dem Erdboden ab. In dieses Sumpfbeet lassen sich eine Reihe feuchtigkeitsliebender Pflanzen einsetzen, wobei man natürlich nicht ausschließlich an Duftpflanzen denken muß. Bislang funktioniert mein Mini-Sumpfbiotop ganz gut und neben Schlüsselblume, Schachbrettblume und Sibirischer Schwertlilie gedeiht die Prachtnelke so prächtig, wie ihr Name vermuten läßt.

Die Selbstaussaat klappt ebenfalls recht gut. Wenn der ganze Stock blüht, sind das viele Dutzend Blüten, die den zarten süßen Vanille-Duft der Einzelblüte zu einem kräftigen Duftakkord anschwellen lassen. Bei sehr warmem Wetter ist die nähere Umgebung angenehm beladen vom Wohlgeruch der Zeusblume.

Diptam, *Dictamnus albus*

Der Diptam gehört zu der Gruppe von Pflanzen, die während der mittleren Wärmezeit (ca. 5500–2500 v. Chr.) aus Süd- und Südosteuropa zu uns einwanderten.
Die Hauptwanderrichtung aus dem Süden war entlang des Rhône-Saône-Grabens über die Burgundische Pforte in die oberrheinische Tiebebene und weiter in die deutschen Mittelgebirge. Die südosteuropäische Hauptwanderstraße verlief entlang der Donau. Der Name *»Dictamnus«* leitet sich vom Berg Dicte auf Kreta ab, obwohl das von Hippokrates und Dioscurides beschriebene wundersame Heilkraut »Dictamnus« wohl eher mit *Origanum dictamnus* identisch ist. Diese Pflanze wächst nur auf Kreta (Endemit) und war früher ein begehrter Exportartikel.
Der Diptam gedeiht im Saum sonniger Kiefern-Trockenwälder auf flachgründigen, kalkhaltigen Böden. Seine südliche Herkunft wird besonders dann deutlich, wenn an heißen,

trockenen Junitagen die Luft vom balsamischen Wohlgeruch des ätherischen Öls erfüllt ist.
Die Blätter, wie auch die Fruchtstände, verströmen beim Reiben den für Rautengewächse, zu denen ja auch die Citrusfrüchte gehören, sehr typischen, würzigen zitronig-aromatischen Duft.
Die Blüte ist von besonderem Reiz und außergewöhnlicher Schönheit. Der Sitz des Blütenduftes läßt sich beim Diptam ausgesprochen gut lokalisieren. Auch ohne Lupe sind die vielen Dutzend kleinen Drüsen entlang der Staubblätter und auf Stengel und Knospen erkennbar, die als winzige purpurrote Pünktchen deutlich in Erscheinung treten. Diesen Drüsen entströmt das zitronig-zimtige ätherische Öl, das auf Hummeln und Bienen besonders anziehend wirkt.
Die Geschichte vom brennenden Busch wird wohl jedesmal erzählt werden, wenn vom Diptam die Rede ist. Mir allerdings ist es noch nie gelungen die ätherischen Öle mit einem Streichholz zum kurzfristigen Verpuffen zu entzünden.
Die Pflanze paßt so richtig in eine sonnige Südecke, wo sie sich im lichten Schatten einer Kiefer, ähnlich wie das Reckhölderle, wohlfühlt. Wildstaudengärtnereien haben den Diptam in Kultur und bieten die streng geschützte Pflanze in ihren Katalogen an.
In meiner Hegau-Heimat wird die Pflanze zur Blütezeit rund um die

Diptam; auf den Staubfäden die Öldrüsen.

Uhr von Naturschutzverbänden bewacht, da Touristen bereits aus dem gesamten Bundesgebiet anreisen, um die Diptamblüte zu photographieren. Leider verhalten sich manche Mitmenschen hierbei sehr rücksichtslos. Da man mit Verboten oft genug das Gegenteil erreicht, möchte ich doch auf die Möglichkeit der Gartenkultur hinweisen. Diptam-Saatgut ist bei entsprechenden Wildpflanzenbetrieben erhältlich. Wenn es auch 2–3 Jahre dauert, ehe der Stock zum ersten Male blüht, ist die persönliche Beziehung zu einem selbst gezogenen Pflänzchen doch mit sehr viel Spaß und Neugier verbunden. Es sind für mich Momente großer Freude, das kleine Lebewesen wachsen zu sehen und bei der Entfaltung seiner ganzen Schönheit zugegen zu sein.

Der Tag der ersten Blüte entschädigt mehr als genug für jahrelanges und geduldiges Warten.
Im Garten angesiedelt, wird die Staude von Jahr zu Jahr kräftiger und erfreut mit seiner prächtigen Erscheinung nicht nur Duftgenießer.

Mädesüß; attraktiv für den Teichrand.

Mädesüß, *Filipendula ulmaria*

Das Mädesüß ist eine Charakterart der einheimischen Hochstaudenfluren, die vor allem entlang der Gräben, an Ufern, in Auenwäldchen und auf ungemähten Naßwiesen zu finden ist. Unter den vielen Bezeichnungen wie »Ziegenbart, Rüsterstaude« scheint mir »Wiesenkönigin« die blumigste und sympatischste zu sein.
Die Pflanze könnte bei der Gartenteichbepflanzung viel stärker beachtet werden, da sie eine große Bereicherung der Uferzone darstellt. Die reichblütigen, großen weißen Blütenstände duften sehr angenehm nach Mandeln, vermischt mit einer würzig blumigen Note. Manche finden den Geruch eher abstoßend, doch spielt auch hier die optimale Konzentration der Duftstoffe eine große Rolle bei der Geruchswahrnehmung.
Unbestreitbar jedoch ist der Anteil verschiedener Amine und Spuren von Heliotropin und Vanillin, die man in den Blüten als Geruchsstoffe nachgewiesen hat. Unbestreitbar ist ebenso die Tatsche, daß Biene, Käfer und Fliegen von jenem Duft stark angezogen werden. Wesentlicher Bestandteil aller Pflanzenteile, besonders der Blätter und Blüten ist das Gaultherin, das in größeren Mengen im Wintergrün *(Gaultheria procumbens)* vorkommt und bei der Parfümherstellung verwendet wird. Beim Zerreiben der Blätter empfindet man den Duft des Wintergrünöls besonders deutlich.
Ein naher Verwandter, das knollige Mädesüß *(Filipendula vulgaris)*, wird mit etwa 50 cm Höhe nur halb so groß wie das Sumpfmähdesüß. Es ist ebenso angenehm süß duftend, bevorzugt aber trockene und sonnige Standorte im Garten, ein Trockenbeet wäre gut geeignet.

Nachtviole, *Hesperis matronalis*

Die Nachtviole stammt aus dem südosteuropäischen Raum, wo sie in Auenwäldern und Gebüschen vorkommt. Man findet sie bei uns auch ab und zu entlang von Wegen und Zäunen, in bachbegleitenden Auenwäldern oder in Kiesgruben. Sie wird als Gartenpflanze unter dem Namen Nachtveilchen *(Viola matronalis)* bereits um die Mitte des 16. Jahrhunderts erwähnt. In mittelalterlichen Bauerngärten war die Nachtviole eine angesehene und beliebte Pflanze. Heute ist sie zugunsten imposanterer Blumenarten etwas verdrängt worden. Je nachdem, wie es der Nachtviole am Gartenstandort gefällt, verhält sie sich als zwei- oder mehrjährige Staude, wobei ihr halbschattige Standorte am meisten zusagen.

Eine Gruppe von nur wenigen Pflanzen vermag den nächtlichen Garten mit veilchenduftendem Wohlgeruch zu erfüllen und ihrem im Mittelalter üblichem Namen alle Ehre zu machen. Tagsüber vermißt man, selbst in nächster Nähe, den süßen auch etwas an Nelken erinnernden Duft der Blüten.

Die weißen oder schwach lila gefärbten Blüten haben die schlichte Einfachheit, die allen Kreuzblütlern eigen ist. In der Dämmerung reflektiert die weißblühende Form das vorhandene Restlicht und läßt die Kronblätter hell aufleuchten.

Nachtviole; typische Pflanze der Bauerngärten.

Erstaunlich präzise werden die festgelegten Blüten-Öffnungszeiten der Tag- und Nachtblüher eingehalten. So wie die Wegwarte recht genau um 6 Uhr, die Sumpfdotterblume um 8 Uhr morgens ihre Blüten öffnen, so haben die Nachtblüher ebenfalls erstaunlich exakte eingehaltene Entfaltungszeiten.

18 Uhr:	Nachtkerzen-Arten *(Oenothera)*
19–20 Uhr:	Nachtviole *(Hesperis matronalis)*
	Ackerlichtnelke *(Melandrium noctiflorum)*
	Stechapfel *(Datura stramonium)*
20–21 Uhr:	Bauerntabak *(Nicotiana affinis)*

Manchmal wird von der Nachtviole noch eine gefüllte Varietät »flore pleno« angeboten, die zwar noch stärker duftet, aber dafür ihre Fruchtbarkeit eingebüßt hat. Da die dichtstehenden Blütenblätter eine Bestäubung unmöglich machen, ist auch die Samenbildung ausgeschlossen und Insekten sind gleich zweimal betrogen. Zwar angelockt durch den starken Duft bekommen sie jedoch weder Pollen noch Nektar.

Deutsche Schwertlilie, *Iris germanica*

Aus dem großen Angebot an Irisarten und -sorten sollen nur wenige erwähnt werden, vor allem diejenigen, welche wegen ihres Duftes von alters her kultiviert wurden.
Die Deutsche Schwertlilie stammt ursprünglich aus dem östlichen Mittelmeergebiet. Sie findet frühe Erwähnung im Hortulus des Mönchs Walafrid Strabo (827 n. Chr.). Dieser frühen Niederschrift aller im Kräutergarten des Klosters Reichenau angebauten Pflanzenarten verdanken wir wertvolle Erkenntnisse. Die Schwertlilie gehört somit zu jenen Arten, die schon früh in gärtnerische Kultur genommen wurden. Schon damals müssen die leuchtenden Regenbogenfarben sowie der wohlriechende Wurzelstock die gleiche Freude hervorgerufen haben wie heute.

Von der Farbenpracht der Schwertliliengewächse rührt auch ihr Gattungsname *»Iris.«* her. Die griechische Mythologie zeichnet uns hier ein sehr schönes Bild vom Zusammenwirken der Götter und Menschen unter Einbeziehung der Natur. So geleitet die Götterbotin Iris die Seelen der Verstorbenen entlang des farbenprächtigen Regenbogens ins Reich der Unterwelt und der ewigen Ruhe. Wahrscheinlich kann man den Brauch, Gräber mit Schwertlilien zu schmücken, wie es in einigen arabischen Küstenländern üblich ist, als lebendige Reste jener Gedanken betrachten.
Die drei Arten *Iris germanica, Iris florentina* und *Iris pallida* werden seit mehr als 200 Jahren wegen ihrer wohlriechenden Wurzelstöcke kultiviert. Als Zentrum des Anbaus gelten seit jeher die mittelitalienischen Provinzen Verona, Florenz und Vicenza, wo die »Veilchenwurzel« felderweise angebaut wird. Der ausgeprägte Veilchenduft der Florentiner-Iris ist bei frisch angeschnittenen Wurzelstückchen noch gar nicht wahrzunehmen. Der Geruchsträger ist das Iron, chemisch gesehen ein Keton, der sich erst nach mehrwöchiger Lufttrocknung der Rhizomstückchen bildet.
Das gemahlene Pulver der Wurzeln fand früher vielfältige Verwendung in Form von Zahnpulvern, es diente zur Parfümierung von Kleidern, Wäschestücken und sogar das Einpudern der Haare war üblich.

Florentiner-Iris liefern noch heute wichtigen Rohstoff in der Parfümerie – das Iris-Wurzelpulver.

Im wohl berühmtesten italienischen Parfüm des Rokoko, dem Frangipani, spielte die Iriswurzel als wichtigster Bestandteil der Komposition eine herausragende Rolle. Lange Zeit blieb dieses Pulver, das »zu gleichen Teilen aus allen bekannten Spezereien, im Gesamtgewicht verdoppelt durch gestoßene Iriswurzel, gebunden durch einen Teil von hundert an Moschus und Zibeth« bestand, bestimmend für den Duft jener parfümierten Lederhandschuhe die im 18. Jahrhundert Mode waren. Manche Zeitgenossen kauten gar die Wurzelstücke, damit beim Schäferstündchen der Atem von Wohlgeruch durchdrungen sei. Auch ohne Schäferstündchen hab ich versucht die Wurzelstücke zu kauen und war angenehm überrascht. Tasächlich macht sich ein blumig würziger Ge-

Gras-Schwertlilie; fruchtiger Pflaumenduft.

schmack im Munde breit, doch kommt es wesentlich auf die Konsistenz der Wurzelstückchen an. Leider sind die käuflich erhältlichen Stücke Rhizoma Iridis oft genug viele Jahre alt, hart wie Stein und zum Kauen weniger geeignet.
Verbinden wir das Angenehme mit dem Nützlichen. *Iris florentina,* in den Garten geholt, stellt ein ebenso hübsches Schmuckstück wie einen fleißigen Lieferanten immer frischer Rhizomstückchen dar. Doch nicht allein wegen der vielseitig verwendbaren Wurzel ist eine kleine Palette von Irisarten im Garten zu empfehlen. Die Blüten vieler Arten und Zuchtsorten verströmen herrliche Duftkompositionen. Da für die meisten Irisgärtnereien der Duft eine geringe Rolle spielt, sollte man sich aus dem großen Angebot die schönsten Duftakkorde aussuchen.
Neben den drei genannten Arten besticht die in Südeuropa beheimatete Grasschwertlilie *(Iris Graminea)* durch äußerst angenehmen und fruchtigen Geruch nach reifen Pflaumen, weshalb man sie auch gerne als Pflaumeniris bezeichnet.
Die Vorkommen der Gras-Iris in Deutschland sind meist aus Kulturen verwildert. Mir sagt die Art wegen ihrer Zierlichkeit und natürlich wegen des exquisiten Duftes besonders zu. Leider ist sie recht schwer zu bekommen.
Die bislang beschriebenen Arten sind allesamt Sonnenkinder und lieben trockene, gut drainierte und kalkhaltige Böden. Meist wählt man zu mastige Böden, die die Schwertlilien unnatürlich groß und kräftig werden lassen. Wer beim Südeuropaurlaub die mageren Standorte an den natürlichen Wuchsstellen gesehen hat, wird bei der Wahl des Pflanzortes kaum Fehler machen.

Pfennigkraut, *Lysimachia nummularia*

Der Gattungsname des Pfennigkrauts leitet sich von »Lysimachos« ab. Dieser Feldherr gelangte unter dem Griechenkönig Alexander der Große wegen seiner Geschicklichkeit in der Kriegskunst zu Ruhm und Ehren. Auf Lysimachos soll die erstmalige Anwendung des Krauts als blutstillendes Wundermittel zu-

rückgehen, das bei den verlustreichen Eroberungszügen sicherlich recht häufig in Gebrauch war.
Ob mit *»Lysimachia«* unser heimisches *Lysimachia nummularia* gemeint war, läßt sich nicht mit Gewißheit sagen, doch benutzt die Volksmedizin das Pfennigkraut auch heute noch bei schlecht heilenden Wunden und Geschwüren.
Das Pfennigkraut ist an Gräben und Ufern, in Auenwäldern und Wiesen verbreitet.
Die Pflanze eignet sich daher vorzüglich als Bodendecker frischer bis feuchter Böden. Die unzähligen und pfenniggroßen Blätter bilden dichte, niederliegende Teppiche, die zur Blütezeit im Juni-Juli wunderschön gelbleuchtend erstrahlen.
Die Welt der Blumendüfte ist eine Welt voll alter und neuer Entdeckungen. Es ist für mich schon beinahe zum Ritual geworden, jede Pflanze auf Blatt- und Blütenduft zu untersuchen. Bisweilen gelingt es dann sogar unbekannte Düfte aufzuspüren, wie man dies selber kaum erwartet hätte. Mich hat der fruchtig frische, blumige Duft des Pfennigkrauts angenehm überrascht und erfreut. Nirgends aber fand ich diesen Duft beschrieben. Darüber gibt es nun zwei Deutungsmöglichkeiten. Entweder ist die Duftwahrnehmung ausgesprochen subjektiv oder, das eng am Boden wachsende Kraut hat bislang niemanden dazu animiert, die Nase in Dinge zu stecken, die sich wenige Zentimeter

Pfennigkraut; Bodendecker mit Fruchtaroma.

über dem Erdboden entfalten. Vielleicht gelingt es mir, Leser zu bestätigenden oder anderslautenden Duftäußerungen zu bewegen.
Gartenbesitzern möchte ich empfehlen, sonnige bis halbschattige Uferbereiche mit dem Pfennigkraut zu bepflanzen, wodurch unschöne Teichfolienränder äußerst effektiv und obendrein ansprechend überwachsen werden. Den Übergang zwischen Teich und Rasen überbrückt ein etwa 30–50 cm breiter Pfennigkrautstreifen besonders schön und praktisch, da dem wüchsigen Bodendecker eine gelegentliche Schur beim Mähen nicht schadet. Obendrein bietet sich dann Gelegenheit, die Bauchlage einzunehmen und der Frage nachzugehen, ob die Blüten nun duften, wie behauptet, oder nicht.

Nickendes Leimkraut; abendlicher Duft.

Weiße Lichtnelke, *Melandrium album (Silene alba)*

Die große Familie der Nelkengewächse, zu der auch die Weiße Lichtnelke gehört, bietet Raum für mannigfaltige und faszinierende Beobachtungen. In diesem Abschnitt werden drei Vertreter der Gattung *Silene* (Leimkraut) vorgestellt. Meines Erachtens schöne Beispiele zum Thema Pflanzenverwandtschaft, ökologische Einnischung und natürlich zum Thema Duft.
Die Volksbotanik differenziert die unterschiedlichen Arten weniger und benennt sie nach ganz praktischen oder bemerkenswerten Eigenschaften.
Die Weiße Lichtnelke bzw. das Weiße Leimkraut, die Blume, die Kinder wegen ihres aufgeblasenen Kelchs früher gerne an die Wand klatschten, wo sie ähnlich einer Knallerbse platzte, wurde deshalb vom Süden bis in den Norden mit diesem »Knall« in Verbindung gebracht. Beim Schweizer Nachbarn im Kanton Schaffhausen wird die Weiße Lichtnelke »Plumphösli« genannt, während das Entsprechende im hohen Norden dann zur »Büxenblum« wird.
Die Weiße Lichtnelke findet man bei uns ziemlich häufig an Wegen und Ackerrändern, entlang von Heckensäumen und auf Schuttplätzen. Dort wächst sie vorzugsweise auf nährstoffreichen Sand- und Lehmböden. Sie ist, obwohl keine ausgesprochen ausdauernde Staude, recht gut im Garten zu halten. Das Lebensalter der Pflanze liegt etwa zwischen 3–5 Jahren, in denen sie jedoch reichlich für Nachwuchs sorgt. Die extrem lange Blütenzeit von Mai bis in den September mag ein Grund dafür sein, daß die Weiße Lichtnelke in Gärten angesiedelt wurde. Ein weiterer Reiz liegt im würzig-süßen und nelkenartigen Duft nach Veilchen. Die größte Pracht entfaltet die Lichtnelke abends und in der Nacht, wenn die Kronblätter voll geöffnet sind und durch Reflexion der UV-Strahlen hell erstrahlen. Dadurch werden Nachtfalter und Nachtschwärmer angelockt, bis sie in den Bann des Duftes geraten und beim Leeren der Nektarien die Bestäubung voll-

ziehen. Tagsüber brauchen die Kronblätter nicht zu gefallen, so scheint es, denn sie wirken schlaff, verwelkt und sind duftlos.
Mit unscheinbarem Aussehen, aber um so größerer Duftentfaltung machen zwei Verwandte der Weißen Lichtnelke auf sich aufmerksam.
An frühlingshafte kräftige Hyazinthendüfte erinnert das Nickende Leimkraut *(Silene nutans)*, das häufig an sonnigen Waldsäumen oder in kalkhaltigen Magerrainen wächst. Von Juni bis August erscheinen die schmutzigweißen Blüten, die tagsüber eingerollt sind. Drei Nächte lang bleiben die kräftigen UV-reflektierenden Blüten starkduftend und locken vor allem Nachtschmetterlinge aus der Familie der Eulen an.
Auch die Acker-Lichtnelke *(Silene noctiflora)* ist eine nachtduftende Pflanze. Schon bevor sich die Kronblätter am Abend ausbreiten, beginnt die Pflanze äußerst angenehm nelkenartig zu duften und sondert den Nektar, die Belohnung für den Blütenbesuch, ab. Vor allem langrüsselige Nacht-Eulen bedienen sich reichlich vom süßen Trunk. Die Pollen werden von Fliegen, Bienen und Käfern oft bereits am frühen Abend abgesammelt und verspeist.
Die Acker-Lichtnelke ist ostmediteranen Ursprungs und wurde wie die bekannteren »Unkraut«-Arten Kornblume, Rittersporn und der Klatschmohn erst mit dem Getreideanbau, also vor etwa 5000 Jahren, in Zentraleuropa verbreitet.

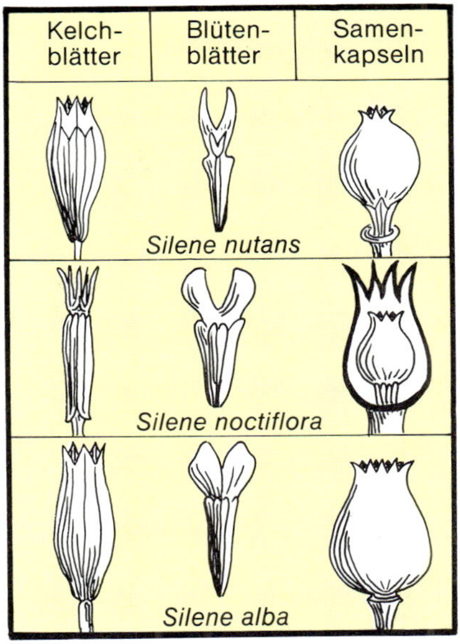

Ähnliche Merkmale bei *Silene*.

Bei soviel geschichtsträchtiger Herkunft und dem schönen Duft nach Nelken, dürfte es nicht allzu schwer fallen, das »Unkraut« im Garten anzusiedeln und liebevoll zu kultivieren. Bei mir gehören alle drei Silene-Arten zum festen Bestandteil im Duftgarten und es lassen sich interessante Beobachtungen anstellen: Eine vergleichende Sammlung der Kelchhüllen oder der reifen Samenkapseln dieser Arten läßt große Ähnlichkeiten erkennen. Nimmt man gar die Lupe zu Hilfe und betrachtet die kleinen, aber doch unterscheidbaren Samenkörnchen, so gibt es keinen Zweifel mehr über die enge Verwandtschaft dieser drei Nelkengewächse.

Indianernessel, *Monarda didyma*

Die Goldmelisse oder Indianernessel ist im östlichen Nordamerika zu Hause. Dort gehört sie zur typischen Vegetation der Fluß- und Bachufer.
Die Pflanze gelangte nach der Entdeckung der Neuen Welt durch die Spanier ins alte Europa. Der Gattungsname geht auf einen Dr. Nicholas Monardes de Sevilla zurück, zu dessen Ehren die Pflanze benannt wurde. Bereits 1569 ist die Monarde in seinem Kräuterbuch erwähnt worden. Von Spanien aus fand die Indianernessel schnell Verbreitung in die königlichen Gärten der europäischen Herrscherhäuser. Am längsten überdauerte sie die Jahrhunderte in den Bauerngärten, wo sie auch heute noch ab und zu anzutreffen ist.

Indianernessel; gut als Tee und vortreffliche Bienenweide.

Alle Teile der Indianernessel sind aromatisch und wohlriechend. Der Duft, den Blätter, Blüten, Stiele und Wurzeln verströmen, erinnert mich an eine Earl-Grey-Teemischung. Das zur Aromatisierung des Tees verwendete Bergamotte-Öl hat sehr große Ähnlichkeit mit dem Goldmelissenduft. Das orange-minzige Aroma ist sehr angenehm und verleiht einem Teeaufguß eine würzige, eigene Note.
Wer Liebhaber exotischer Salate ist und gerne mal was Neues ausprobiert, sollte nicht versäumen, Blätter und Blüten als optische und geschmackliche Bereicherung unter den üblichen Blattsalat zu mischen. Ich meine, der Versuch lohnt sich. Ebenso lohnt es sich, während der Sommermonate genügend Blattmaterial zu sammeln. Die getrockneten Blätter lassen sich gut in Duftsäckchen füllen und eignen sich vorzüglich für das Potpourri.
Früher fanden die Blätter der Indianernessel, ähnlich wie die der Eberraute und die des Marienblatts, weitverbreitete Verwendung als »Schmeckerkraut«. Man nahm ein kleines Sträußlein dieser Pflanzen mit in die Kirche, um sich bei allzu einschläfernden Zeremonien durch den belebenden Duft der »Schmekker« zu erfrischen.
Im Garten werden frische Böden bevorzugt, jedoch gedeiht die Mo-

narde an trockenen Stellen ebenso prächtig. Einmal im Garten angesiedelt, breitet sich die Ausläufer treibende Staude von Jahr zu Jahr weiter aus, ist aber durchaus gut im Zaum zu halten.
Von Juli bis September öffnen sich eine Unzahl hellvioletter, bläulicher, roter oder weißer Blüten, die in kandelaberartigen Quirlen angeordnet sind. Tagsüber werden die Blüten sehr gerne von Bienen besucht. In den Abendstunden kommen die Nachtfalter auch noch zum Zuge und holen sich ihren Nektaranteil.
Die Pflanze ist aus Staudengärtnereien meist ohne Schwierigkeiten zu beziehen, auch die Aussaat ab April gelingt ohne Schwierigkeiten.

Schwarzwurzel, *Scorzonera hispanica*

Die Schwarzwurzel stammt ursprünglich aus dem nordmediterranen Gebieten Europas. In sonnigen Kalk-Magerrasen kommt sie manchmal auch bei uns verwildert vor. Bei uns ist die Pflanze hauptsächlich wegen ihrer wohlschmeckenden langen Pfahlwurzel angepflanzt worden. Die Gartenkultur ist bereits aus dem 17. Jahrhundert bekannt und bis heute sehr geschätzt.
Die Kultur ist recht einfach. Man beginnt in der Absicht Schwarzwurzeln ernten zu wollen und sät deshalb im April in gewohnter Weise ein paar Reihen davon aus. Im

Schwarzwurzelblüte mit Schokoladenduft.

Herbst wäre Erntezeit dieser herrlichen Gemüsewurzel, doch hätte man dann keine Gelegenheit, die hübschen gelben Blüten, die dem Wiesenbocksbart sehr ähnlich sind, zu bewundern. Mancher Gartenfreund wird eingestehen, daß ihm bis dahin ein wesentlicher Teil der Pflanze verborgen geblieben ist, denn den großen Blütenkörbchen entströmt ein auffallender und angenehmer Schokoladenduft.
Bis vor wenigen Jahren ist mir dieser Genuß ebenfalls alljährlich vorenthalten geblieben, da sich meine Aktivitäten aufs Ernten und Verzehren der Wurzeln beschränkten. Ich habe der Schwarzwurzel inzwischen einen festen Platz in meinem Staudengarten eingeräumt und freue mich, da die Pflanze ausdauernd ist, auf die kommenden Schokoladenjahre.

Madonnenlilie,
Lilium candidum

Als Herkunftsland der Madonnenlilie gilt das östliche Mittelmeergebiet, wahrscheinlich das alte Palästina. Kaum eine andere Pflanze erfreut sich derartiger Bewunderung und Verehrung wie dieses Zwiebelgewächs.
Bereits aus der Zeit minoischer Hochkulturen um 1600 v. Chr. existieren wunderschöne Wandfresken, auf denen die makellose Schönheit dieser Lilie zum Ausdruck gebracht wurde. Im Lilienmotiv erfüllte sich der Wunsch nach vollkommener Harmonie, sie war Inbegriff für Reinheit und Unschuld. In die minoische Kunst fand sie als meistverwendetes Blumenmotiv Eingang, und die Dichtung bediente sich oft »lilienhafter« Vergleiche.
Eine phantasievolle und sympathische Geschichte um die Herkunft der Lilie spinnt die griechische Mythologie. Danach sollen, als der kleine Herakles allzu kräftig an der Brust der Zeusgemahlin Hera sog, einige Tropfen Muttermilch auf die Erde gefallen sein, aus denen die weißen Lilien emporwuchsen.
Die Verehrung der Lilie fand bei den Römern ihre Fortsetzung, sie wurde auf Münzen abgebildet. In den ersten Jahrhunderten unserer Zeitrechnung wurde das Bild der Lilie von den Kirchenfürsten oft als Christussymbol genutzt. In der innigen Marienverehrung des Hochmittelalters fand auch die Verehrung der Madonnenlilie ihren Höhepunkt.
Bis ins 18. Jahrhundert blieb die Pflanze beliebte Zier unzähliger Gärten in ganz Europa und wurde beispielsweise in England wegen ihrer Häufigkeit sogar zur heimischen Flora gerechnet. Später zu Beginn des 19. Jahrhunderts begann das Schattendasein dieser einst beliebten Pflanze, da exotische Treibhauspflanzen und die neu eingeführten Dahlien das gärtnerische Interesse fesselten.
Heute wird eine immense Zahl von Lilienzüchtungen angeboten, die eine ebenso große Zahl von Liebhabern verpflichtet. Die schlichte und doch elegante Schönheit der Madonnenlilie ist jedoch, nach meinem Verständnis, die Krönung dessen, was diese Pflanzengattung an bewundernswerten Arten hervorgebracht hat. Auch der Duft, der sich erst in den Abendstunden zu voller Intensität entwickelt, ist aus äußerst angenehmen Komponenten zusammengesetzt. Tagsüber ist die Duftfülle geringer, und man glaubt Maiglöckchenduft zu erraten.
Den bedrückend schweren Duft einer Königslilie *(Lilium regale),* der mir schon fast »den Atem nimmt«,kann ich bei der Madonnenlilie nicht empfinden.
Bei allzu nahen Riechversuchen macht man mit Sicherheit mit den gelben Staubgefäßen Bekanntschaft. Wird nur die Nase eingefärbt, mag dies ebenso lustig wie

◁ Madonnenlilie, *Lilium candidum*

leicht zu entfernen sein. Das Einfärben weißer Sonntagshemden bringt in jedem Fall Mißfallensäußerungen der Frau, Freundin oder der Mama mit sich, was bei tiefen Schnupperversuchen also zu beachten ist.
Durch ihr starke Duftentfaltung in den Abendstunden locken die Lilien Nachtschwärmer zur Bestäubung an. Diese müssen jedoch mit minimalen Nektarmengen vorlieb nehmen. Die Befruchtung erfolgt deshalb recht selten, und fast nie werden Samen angesetzt. Zum Glück vermehrt sich die Madonnenlilie auch vegetativ über Zwiebelbrut, so daß man sich über die Nachzucht keine großen Gedanken machen muß. Allerdings dauert es einige Jahre bis aus den kleinen Brutzwiebelchen ein blühfähiges Lilienexemplar geworden ist. Die Kultur dieser Lilienart bleibt auf jeden Fall nicht nur Liebhabern und Spezialisten vorbehalten.
Sorgt man bei der Pflanzung für gute Dränage in Form einer Handvoll Tonscherben oder einer Sandschicht und pflanzt die Zwiebel anschließend höchstens 5 cm unter die Erdoberfläche, so kann fast nichts mehr schiefgehen. Eine Eigenart der Madonnenlilie, die auch ihre Neupflanzung bzw. Umpflanzung zeitlich sehr begrenzt, ist das frühe Austreiben neuer Blätter noch im Herbst. Für Pflanzaktionen bleibt daher nur eine kurze Zeitspanne im September, wenn die Pflanze verwelkt ist.

Wilde Tulpe, *Tulipa sylvestris*

Aus seiner südeuropäischen Heimat gelangte die Wilde Tulpe auch in unsere Breiten. Um die Mitte des 16. Jahrhunderts soll sich die Wildtulpe von Bologna aus ins übrige Europa verbreitet haben. Etwa um die gleiche Zeit gelangten weitere Tulpenarten nach Deutschland. Vermutlich im Verlauf der Türkenkriege hat Kaiser Ferdinand I. Bekanntschaft mit roten Tulpen gemacht, die ihn so sehr begeisterten, daß sie schließlich Einzug am kaiserlichen Hof hielten und später als *Tulipa gesneriana* beschrieben wurden. Im türkischen Wort »tulbend« oder im persischen »dulband« für Turban läßt sich der Ursprung auch heute noch ablesen.
Die Zwiebeln begeisterten derart, daß vor allem in Holland eine imposante Tulpenindustrie entstand. Als gar gefranste und gestreifte Tulpen auf den Markt kamen, steigerte sich das »Tulpenfieber« in erschreckendem Maße. Die »Tulpomanie« erreichte 1634–37 ihren Höhepunkt. Die Tulpen wurden zu schwindelerregenden Preisen gehandelt. Viele versuchten im eigenen Garten das Glück einer »Neuzüchtung«, um vom prosperierenden Wirtschaftszweig zu profitieren. Schließlich wurde der Tulpenspekulation durch die holländische Regierung Einhalt geboten. Damit war der Grundstein für das heutige Tulpenmonopol der Niederländer gelegt.

Tulpen gehören zu jenen Pflanzen, bei denen alle Farben, auch die roten Töne, Duft verströmen.
Die Wilde Tulpe galt auch früher, bevor im Weinbau die intensive Bearbeitung heutiger Prägung üblich wurde, als typischer Begleiter der Weinberge. Im süddeutschen Raum und im Elsaß findet man sie an diesem Standort noch dann und wann im zeitigen Frühjahr. Die Wildtulpe gehört für mich zu jenen Pflanzenarten, die durch ihre unauffällige Eleganz und Schönheit besondere Beachtung finden. Nach meinem geruchlichen Empfinden gehört ihre Duftkomposition zu der bezauberndsten Mischung, die unter dem großen Tulpenangebot zu finden ist. Mitte April öffnen sich die leuchtend gelben Kelche. Bei Sonnenschein sind die spitzen Kelchblätter soweit geöffnet, daß daraus ein wunderschöner, großer gelber Stern entsteht. Am Abend und bei Regen sind die Kelche geschlossen. Leider blühen nicht immer alle Zwiebeln, und das mag ihre Kultur etwas schwieriger erscheinen lassen. An der Vermehrung der Zwiebeln liegt es nicht, denn darüber braucht man sich keine Sorgen zu machen. Die Wildtulpe treibt kräftig Ausläufer, an deren Enden sich jeweils neue Zwiebeln bilden.
Die weitaus größte Zahl jährlich neuer Blüten erreicht man, wenn an einem sonnigen Standort für magere Bodenverhältnisse gesorgt wird. Der magerste Boden ist immer noch gut genug. Am besten man hebt eine 2–3 m^2 große Grube spatentief aus und füllt mit magerem Boden aus der Kiesgrube oder dem Kalksteinbruch vermischt mit Gartenerde auf. Auf diesem Trockenbeet lassen sich neben der Wildtulpe auch andere Spezialisten, wie Thymian und Diptam ansiedeln. Die Wildtulpenblüte fällt hier allemal reicher aus.

Wilde Tulpe; ein seltener Gartenbewohner.

Die Tulpenblüten locken mit dem bezaubernden Duft vor allem Wildbienen an. Sie mögen den Nektar, der aus besonderen Gruben abgesondert wird, ausgesprochen gern. Die süße Köstlichkeit ist nicht für alle Insekten zugänglich und wird durch einen Kranz von Wimpernhaaren vor unberufenen Gästen und auch vor dem Regen geschützt.
Wer die zierliche Art näher kennenlernen will, dem empfehle ich sie für das Trockenbiotop.

Eberraute,
Artemisia abrotanum

Eine sehr alte Heil- und Gewürzpflanze, geschätzt wegen ihrer zarten und duftenden Blätter, ist die Eberraute. Sie stammt aus dem östlichen Mittelmeergebiet und wurde von den Römern in deren gesamten Herrschaftsbereich verbreitet. Später fand die Eberraute Eingang in die Klostergärten verschiedener Ordensgemeinschaften der nachchristlichen Jahrhunderte. Aus dem Klostergarten Reichenau sind folgende Zeilen von Walafried Strabo überliefert: »... Dieser duftende Schopf, zugleich mit den biegsamen Zweigen ärztlichen Mitteln vermengt, ergibt eine nützliche Mischung. Fieber wehrt sie ab, scheucht Seitenstechen, bringt Hilfe, wenn die tückische Gicht uns mit plötzlichem Anfall belästigt. Aber mehr noch: sie hat so viel Kräfte wie haarfeine Blätter.«
Von den Klostergärten fand die Pflanze ihren Weg in die Bauerngärten. Mit dem langsamen Verschwinden Jahrhunderte alter Tradition gerieten auch die über Generationen gehüteten Pflanzenarten in Vergessenheit. Kaum eine Pflanze verdient es mehr als die Eberraute, wieder in die Gärten geholt zu werden. Mögen die Gründe für eine Ansiedlung heute auch anderer Art sein.
Im Duftgarten ist die Eberraute mit ihren grau-grünen filigranen Blättern, die bei der leisesten Berührung einen angenehm erfrischenden, bittersüß-zitronenartigen Duft verströmen, ein nicht wegzudenkender Begleiter.
In Blumensträußen lassen sich die Zweige gut als dekoratives wohlriechendes Schnittgrün verwenden, welches mit dem heute verwendeten Blumenstrauß-Beigrün mühelos wetteifern kann. Allerdings käme der Eberrautenzweig erst in einem Bouquet duftender Blumen so richtig zur Geltung, da das lieblich, herbe Aroma vorzüglich mit blumigen Gerüchen harmoniert.
Eine nützliche wie praktische Verwendung fanden die Zweige früher als Hausmittel zur Vertreibung der Kleidermotte. Der volkstümliche französische Name »Garde-Robe« leitet sich von jener mottenvertreibenden Eigenschaft ab.
Eine weitere Verwendung der Blätter als Beigabe zu Duft-Mischungen in Potpourris bietet sich an.
Die getrockneten Blätter, eingenäht in kleine Leinensäckchen und unter das Kopfkissen gelegt, galten früher als erprobtes Mittel gegen Schlaflosigkeit. Da ich hierunter nicht leide, kann ich mir zwar darüber kein Urteil bilden, doch ist das eberrautengefüllte Leinensäckchen auch ohne Schlaflosigkeit eine herrliche Sache.
Vorzüglich eignet sich die Eberraute zur Anlage einer Dufthecke in unmittelbarer Nähe eines vielbegangenen Gartenweges. Alle Entdekkungsgänge im Garten werden von

Eberraute

würzig erfrischenden Duftwolken begleitet, sobald man an der Eberrautenhecke vorbeistreicht.
Aber auch der sonnige Einzelstand bringt den etwa meterhohen Halbstrauch gut zur Geltung. Beim Schnitt der Hecke braucht man nicht zimperlich vorzugehen. Er wird gut vertragen und sollte im März vorgenommen werden.
In unseren Breiten kommt die Eberraute meist nicht zum Blühen, doch wer andere Vertreter der Gattung *Artemisia* wie z. B. Beifuß oder Wermut im Garten stehen hat, weiß, daß die Blüten nicht allzuviel hergeben. In seiner südlichen Heimat blüht das Kraut in den Monaten Juli bis August.

Sommerflieder, *Buddleia davidii*

Der bei uns als Fliederspeer oder Sommerflieder bekannte Strauch stammt ursprünglich aus China und Tibet. In harten Wintern frieren die Buddleien bei uns gerne bis auf den Boden zurück, doch hat dies keine Auswirkungen auf die künftige Blütenpracht, da die Blütenrispen am neuen, jungen Holz erscheinen.
Eine ganze Reihe von Tagfaltern werden vom Duft des Schmetterlingsstrauchs auf unwiderstehliche Weise angezogen. Wer schöne Schmetterlingsbilder schießen will, dem empfehle ich, diesen Duftstrauch bei sich im Garten heimisch zu machen.
Will man noch einen Schritt weitergehen, so läßt sich noch einiges mehr für ein buntes Schmetterlingstreiben im Garten tun. Man legt beispielsweise eine kleine Gebüschgruppe aus Weißdorn, Heckenrose, Schlehe und Weide an. Viele Schmetterlingsarten könnten hier ihre Eier ablegen, und die schlüpfenden Raupen, die nun mal zu einem richtigen Schmetterlingsleben gehören, hätten genügend Nahrungsgrundlage, um sich dick und rund zu fressen.
Soweit vorgedrungen, gibt es kein Zurück mehr. Um dem im eigenen Garten erfolgreich geschlüpften Schmetterlingsnachwuchs im eigenen Garten genügend Blütennektar anzubieten, reicht die anfangs er-

Hängebuddleie *(Buddleia alternifolia)*; noch reicher blühend als die nahe Verwandte.

wähnte Schmetterlingsstrauch-Pflanzaktion nicht aus. Jetzt geht es dem Rasen, dieser arbeitsaufwendigen und doch nie zufriedenstellenden Grünfläche, an den Kragen. Stück für Stück, Jahr um Jahr wandelt man, überzeugt von der ökologischen Notwendigkeit, die Grasfläche in ein Blütenmeer voller Wildblumen um. Anstatt wie früher seine Zeit für die Intensivpflege des Rasens zu vergeuden, kann man sich nun gemütlich in den Liegestuhl setzen und den Schmetterlingen, Bienen und Käfern bei ihrer Arbeit zuschauen.

Nicht allein die hektische Nahrungssuche der Schmetterlinge machen den Sommerflieder so sympathisch, große Rispen voller kleiner, nach Muskat und Vanille duftender Blüten leuchten in warmen rötlichen Tönen und erfreuen Auge und Nase.

Hat man reichlich Platz im Garten, lassen sich die verschiedenen heute angebotenen Sorten, die im Duft etwas variieren, an sonnige Ekken oder in der Nähe der Hauswand pflanzen. Gut besonnte Plätzchen inmitten des Rasens kann ich nicht empfehlen. Der Sommerflieder ist ein typischer Rohbodenpionier, dem allzu dichter Bewuchs um die Wurzeln nicht zusagt. Pflanzt man trotzdem in die Rasenfläche oder die Blumenwiese, so empfiehlt sich das altbewährte Baumscheibenprinzip aus Rasen- oder Grasschnitt.

Der ganze Erdbeergewürzstrauch duftet.

Wer den Blütenflor nicht durch kräftiges Zurückschneiden einzelner Zweige verlängern will, kann die gewaltige Menge an Buddleien-Samen bewundern, die im Gartenboden ohne menschliche Hilfe recht gut aufgehen.
Obendrein eignet sich so ein Sommerfliedersetzling, in einen Blumentopf gepflanzt, vorzüglich als kleines Mitbringsel bei Besuchen.
Mit weniger prächtigen Blütenrispen aber intensiverem Heliotrop-Vanille-Duft wartet ein naher Verwandter des Sommerflieders, die Hänge-Buddleie *(Buddleia alternifolia)* auf. Sie blüht bereits im Juni, der Wuchs ist jedoch ausladender und für kleinere Gärten nicht so sehr zu empfehlen.

Erdbeer-Gewürzstrauch, *Calycanthus floridus*

Der Erdbeergewürzstrauch ist in den südlichen USA zu Hause, wo er auf lehmigen, frischen Böden in sonnigen bis halbschattigen Lagen am besten gedeiht. Der etwa 2 m hohe Strauch mit losem, sparrigem Wuchs hat über 10 cm lange behaarte Blätter, die sehr aromatisch nach Kampfer duften. Die großen, eher dunkelbraunen als roten Blüten verströmen im Juni/Juli einen starken, würzigen und fruchtigen Duft, der an Erdbeeren, Äpfel, Ananas oder reife Melonen erinnert. Außer den Blättern und Blüten duften auch noch Zweige, Rinde und Wurzeln sehr würzig und erinnern ein wenig an Zimt. In seiner amerikanischen Heimat wird die Rinde deshalb als Zimt-Ersatz benutzt, woher sich auch der Name »Gewürzstrauch« ableitet. Die Duftfülle aller Pflanzenteile mag wohl auch der Grund dafür gewesen sein, daß der Strauch bereits im 18. Jahrhundert nach Europa eingeführt wurde und seitdem auch kultiviert wird.

Bartblume, *Caryopteris* x *clandonensis*

Die Bartblume ist eine natürliche Kreuzung der beiden in Nordchina und Japan beheimateten Arten *Caryopteris incana* und *Caryopteris mongolica.* Der zur Familie der

Die Bartblume, ein spätblühender Blattdufter.

Eisenkrautgewächse gehörende, etwa 1 m hohe Strauch ist bei uns mehr oder weniger winterhart. In harten Wintern friert die Bartblume, wie auch der Schmetterlingsflieder, bis auf den Grund zurück, treibt aber im Frühjahr wieder willig aus. Das »bärtige« Aussehen ist nur auf die hellblauen Blüten beschränkt, die von einer Vielzahl Härchen und Wimpern bewachsen sind. Die Blüten, die nur schwach duften, werden jedoch liebend gerne von Hummeln und Bienen aufgesucht.
Der stark aromatische, aber angenehme Duft bleibt im wesentlichen auf die Blätter beschränkt. Blattduftende Gewächse empfehle ich im Garten so zu pflanzen, daß sich während der alltäglichen Rundgänge im Sommerhalbjahr mehrere Möglichkeiten anbieten, hier und da ein Blättchen abzuzupfen. Mir selbst kommt dieses Tun kaum noch ins Bewußtsein, doch ich ertappe mich oft dabei, wie ich irgendein krautiges Zweiglein zwischen den Fingern zerreibe, um den Geruch ätherischer Öle zu genießen.
Da die Bartblume erst im August/September zu blühen beginnt, freut man sich an der späten Pracht um so mehr. Bodenansprüche werden kaum gestellt, nur sollte ein sonniges Plätzchen gewählt werden.

Aufrechte Waldrebe, *Clematis recta*

Die Aufrechte Waldrebe kommt im mitteleuropäischen und südeuropäischen Raum vor. Im nordwestdeutschen Flachland, im Rheingebiet und in Baden-Württemberg fehlt sie jedoch völlig. Fundorte im Raume Pleidelsheim–Stuttgart sind aus Schloßgärten und Parkanlagen verwilderte Bestände.
Als wärmeliebende Pflanze wächst sie vor allem an Gebüschsäumen und trockenen Waldrändern. In den Monaten Juni bis August ist der etwa 1,5 m hohe Strauch von zahlreichen in Rispen stehenden, weißen, vanilleähnlich duftenden Blüten übersät.
Wem der unbändige Wuchs mancher kletternder Waldrebenarten zu ungehemmt erscheint, wird dem

Aufrechte Waldrebe; ein reichblühender Busch.

niederwüchsigen Strauch den Vorzug geben. Obwohl der Artname aufrechten Wuchs verspricht, ist es sinnvoll, den niederen Busch während der langen Blütezeit eine Stütze zu geben, da er bei starken Regenfällen dazu neigt, nach allen Seiten auseinander zu fallen. Trotz dieser Eigenschaft wirkt eine kleine Hecke als Abgrenzung zum Nutzgarten hin sehr dekorativ.

Seidelbast, *Daphne mezereum*

Der Seidelbast oder Kellerhals ist im ganzen eurasischen Raum verbreitet. Der etwa 1 m hohe Strauch wächst gerne auf frischen, nährstoff- und kalkreichen Böden im halbschattigen Unterholz der Wälder.
Meist noch vor den typischen Frühjahrsblühern wie Anemone und Leberblümchen beginnt der Seidelbast seine stark duftenden, purpurroten Blüten zu öffnen. Hunderte davon erscheinen bis in den April hinein entlang der blattlosen Triebe, wo sie meist zu dreien in den Achseln abgefallener vorjähriger Blätter sitzen.
Die Blüten des Seidelbast scheinen mir aus mehreren Gründen wert zu sein, näher betrachtet zu werden. Eigentlich sind es gar keine »richtigen« Blüten. Die ansonsten grünen Kelchenblätter haben beim Seidelbast die purpurrote Farbe angenommen, während die gewöhnlich farbigen Blütenblätter gänzlich fehlen. Die Anordnung und Vielzahl der Blüten folgen einem biologischen Prinzip. Geringere Attraktivität der Einzelblüte wird von der Natur meist durch Bildung von Blütenständen ausgeglichen. Der Blütenstand in seiner Gesamtheit löst bei Insekten dann wieder den gleichen optischen Reiz wie eine große Einzelblüte aus. Dieses Prinzip läßt sich an der großen Einzelblüte der Silberdistel und an der Doldenblüte einer Wilden Möhre, die aus hunderten unscheinbarer Einzelblüten zusammengesetzt ist wunderschön erkennen.
Mit Duft, Farbe und Blütenstand sorgt der Seidelbast im Frühjahr auf jeden Fall dafür, daß Wild- und Honigbienen, Schwebfliegen und Falter angezogen werden. Fruchtstände voller scharlachroter Beeren zeugen vom erfolgreichen Insektenbesuch im Frühjahr.
Es lohnt sich allemal den intensiv

blumig würzigen Duft des Seidelbasts beim ersten Waldspaziergang zu genießen oder eben den Strauch in einer schattigen Ecke des Gartens anzusiedeln. Da Baumschulen einige Varietäten in Wuchs und Blütenfarbe anbieten, wäre es ein Frevel, die gesetzlich naturgeschützte Pflanze auszugraben, wie man es immer wieder mal beobachten kann. Die Seidelbast-Kultur im Garten macht keine Schwierigkeiten, sofern man den Boden des zukünftigen Standorts gut auflockert, ausreichend mit Kompost versorgt und den Wurzelbereich der Neupflanzung durch bodendeckende Stauden beschattet.
Vor der Giftigkeit von Rinde und Beeren sei auch hier gewarnt.

Reckhölderle, *Daphne cneorum*

Das Heideröschen oder Rosmarin-Seidelbast, im süddeutschen Raum liebevoll Reckhölderle genannt, ist ein niederwüchsiger und trockenere Standorte bevorzugender Verwandter des Seidelbasts. Es werden die kalkhaltigen Kiefern-Trockenwälder der höheren Lagen Mittel- und Südeuropas besiedelt.
An seinen natürlichen Standorten leuchten die großen purpurnen Teppiche im Kontrast zu den gleichzeitig in Blüte stehenden Küchenschellen schon von weitem. Daß das Reckhölderle bei seinem niederliegenden Wuchs nicht übersehen wird, dafür sorgt der süßliche, manchmal an Veilchen erinnernde

Seidelbast; einer der frühesten und betörendsten Frühjahrs-Duftsträucher.

Reckhölderle; duftstark, polsterbildend.

Duft. Das intensive exotische Parfüm ist allen weltweit etwa 400 Arten der Gattung *Daphne* eigen.
Ich könnte mir vorstellen, daß es großen Spaß bereitet, sich mit einer *Daphne*-Sammlung zu beschäftigen. Allein das Aufspüren sämtlicher europäischer Arten wäre die Mühe wert. Mehr als ein Dutzend Arten sind in Europa heimisch und können in den verschiedensten Ecken des Gartens, entsprechend ihres natürlichen Standorts, an sonnigen, schattigen, trockenen oder feuchten Stellen angesiedelt werden.
So lassen sich die Duftfeste bis in den August hinein verlängern, da der Blühzeitpunkt bei den einzelnen Arten sehr unterschiedlich liegt. Außerdem kann man mit Hilfe der »Enfleurage« oder anderer Methoden zur Duftkonservierung die *Daphne*-Parfüme untereinander vergleichen. Beide Beschäftigungen haben ihre Reize.

Beabsichtigt man die Ansiedlung des Rosmarin-Seidelbasts im Garten, so sollten möglichst die Gegebenheiten des natürlichen Standorts angestrebt werden. Fetter Gartenboden ist seiner erfolgreichen Kultur abträglich. Voraussetzung ist eine trockene, südlich exponierte Böschung mit lockerem und kalkhaltigem, mageren Boden. Das Reckhölderle liebt die Nachbarschaft der einheimischen Kiefer, zu deren Füßen sie im lichten Schatten vorzüglich gedeihen kann.

Geißblatt, *Lonicera periclymenum, L. caprifolium* und andere spp.

Bei uns sind zwei Geißblatt-Arten heimisch. Das Wald-Geißblatt, das bei uns die östliche Grenze seiner Verbreitung erreicht und das inzwischen in sonnigen Hecken und Waldrändern eingebürgerte »Jelängerjelieber«, ursprünglich eher mit südosteuropäischen Verbreitungsschwerpunkt. An sonnigen Waldrändern meiner näheren Umgebung, im Hegau–Bodenseeraum, ist »Jelängerjelieber« keine Seltenheit.
Unterscheiden lassen sich die beiden Arten leicht am ersten Blattpaar unterhalb der Blüte. Bei *Lonicera caprifolium* sind diese Blätter paarweise verwachsen, während bei *Lonicera periclymenum* die Blätter einzeln stehen.
Im empfehle jedem Liebhaber der

Pflanzendüfte einen abendlichen Spaziergang entlang eines geißblattumrankten Waldrandes. Spätestens ab diesem Zeitpunkt läßt sich kein wirklicher Duftgarten mehr ohne jenes unübertroffen duftende Kleinod vorstellen. Kein Juniabend an dem man diesen herrlichen, nie aufdringlichen Duft nicht genießen möchte.
Die Klettereigenschaften der beiden Geißblattgewächse verschaffen unendlich viele Berankungsmöglichkeiten ums Haus herum. Überwiegend sollte natürlich dort gepflanzt werden, wo man die warmen Sommerabende am liebsten verbringt. An klaren Abenden den Sternenhimmel über sich zu schauen und dabei von blumig, süß anmutenden Wolken umgeben zu sein, sind Momente, die den engen Zusammenhang von Duftempfindung und Gefühlsleben erkennen lassen.
Berankt man gar die Pergola, die Hauswand oder den Balkon mit den in Baumschulen oder Staudengärtnereien angebotenen Hybridsorten wie *Lonicera × heckrotti, Lonicera × tellmaniana* und *Lonicera × serotina,* so läßt sich der Duftgenuß von Mai bis in den Oktober hinein verlängern.
Der berauschende Duft entströmt den wunderschön anzuschauenden Blüten, die zu mehreren in gestiel-

Unbegrenzte Möglichkeiten zur Zaunbegrünung bieten die Geißblattarten.

ten Köpfchen sitzen. Sie sind innen cremefarbig und außen rötlich überlaufen. Bemerkenswert ist die etwa 4 cm lange Kronröhre und die glänzende, wie von einem Ölfilm überzogene Ober- und Unterlippe.
Das Geheimnis der Geißblattblüte offenbart sich einem, wenn man bereit und willens ist, etwas Zeit für das Beobachten einzuplanen. Es lohnt sich, wie ich meine. Nach einer Weile kann man nämlich Zeuge eines Vorgangs werden, der unwillkürlich zum Schmunzeln anregt und dem eine gewisse Komik innewohnt. Anfliegenden Bienen will es partout nicht gelingen auf der Blütenunterlippe zu landen. Immer wieder rutschen sie von den glatten Kronblättern ab und müssen zum nächsten Landemanöver ansetzen. Was wie unbeabsichtigt anmutet, durchschaut man selten als genial einfache aber wirksame Schutzmaßnahme: Die glänzende Oberfläche hat die Funktion Bienen und anderen Insekten den Zugang zu den köstlichen Nektarvorräten zu verwehren! Ungebetene Gäste weist man also gleich vor der Haustüre ab. Wer zum Feinsten vordringen will, muß noch die zweite Geißblatt-Prüfung bestehen, die da lautet, einen besonders langen Saugrüssel vorweisen zu können. Entweder »Langrüßler« oder gar keine Bestäuber! Tatsächlich bleiben die Nektarien nur einigen Nachtschmetterlingsarten, die mit ihren langen Rüsseln vor der Blüte schwebend innehalten können, vorenthalten. Sie laben sich am köstlichen süßen Nektar und übernehmen dabei die Bestäubung der Geißblattblüte. Die enge Bindung beider Partner bringt natürlich Probleme. In nassen, kalten Sommern findet man kaum reife Beeren, da die Nachtschmetterlinge und somit die Befruchtung ausbleiben.

Ysop, *Hyssopus officinalis*

Der Ysop ist eine bekannte Pflanze aus dem Mittelmeergebiet. Sie wurde seit alters her wegen ihrer Heilkraft kultiviert und gehört ebenfall zu den Kräutern, die über die Klostergärten Eingang in die Burg- und Bauerngärten fanden. So weist das heutige Vorkommen des Ysop am Fuße der Ruine Hohentwiel, bei der Stadt Singen, auf ihr ehemaliges Vorkommen im Burggarten hin.
Der Name leitet sich vom hebräischen »Azob« ab und bedeutet soviel wie heilige Pflanze. In der Bibel finden sich etliche Stellen, wo auf die hohe Wertschätzung der Pflanze hingewiesen wird.
Wer Ysop weniger wegen seiner in Vergessenheit geratenen Heilkräfte, sondern wegen seiner äußerst aromatischen, im Duft etwas an »Apotheke« erinnernden Blüten und Blätter im Garten ansiedelt, wird seine Freude daran haben.
Zur Blütezeit umgibt sich der Halbstrauch mit einem blauen Blumen-

kleid, von dem Bienen und Schmetterlinge magisch angezogen werden. Wie viele Lippenblütengewächse besticht auch der Ysop durch eine lange Blühdauer. Ständig öffnen sich neue Einzelblüten und locken Insekten an, so daß Duftfreunde, Hobbyimker, ebenso wie Freizeitfotografen auf ihre Kosten kommen können.

Neben der blaublühenden Wildform gibt es noch rosa und sehr selten weißblühende Varietäten, die man mit viel Geduld aus dem eigenen, selbstausgesäten Pflanzenbestand erwarten kann. Da es jedoch sehr lange dauern kann, bis man im Garten eine weiß- oder rosablühende Form ausgelesen hat, ist es sicherlich einfacher, Ableger von der gewünschten Form zu besorgen.

Auch mit dem Ysop lassen sich hübsche niedere Hecken anlegen, falls man auf exakt geometrische Formen keinen großen Wert legt. Der eigenwillige Wuchs stellt, wie ich meine, einen zusätzlichen Reiz dar und unterstreicht die Besonderheit der Pflanze.

Man sagt dem Ysop eine harmonische Beziehung zu den Kohlsorten nach. Aus dem Gemüsegarten sollen durch die Ansiedlung von Ysop Kohlkrankheiten ferngehalten werden. Der Kohlweißling soll sogar vertrieben werden. Ich kann dies zwar nicht aus eigener Erfahrung weitergeben, da mir dieser praktische Tip bislang unbekannt war, doch werde ich es ausprobieren.

Der aromatische Ysop lockt viele Insekten an.

Wer mit eigenen Potpourris experimentieren will, sollte jedoch nicht vergessen, rechtzeitig Blüten und Blätter zu sammeln, die durch ihre aromatische Würze zusammen mit anderen Blättern interessante Duftkompositionen ergeben.

Echte Myrte, *Myrthus communis*

Eine typische Pflanze immergrüner Macchien des Mittelmeergebiets ist die Echte Myrte. Als Ursprungsland wird der Nahe Osten bis Afghanistan angesehen. In der griechischen Mythologie galt die Pflanze wegen ihrer immergrünen Blätter, der zierlichen weißen Blüten und ihres lieblichen Dufts als Symbol der Reinheit, Schönheit und der Liebe.

Die Echte Myrthe gilt als Brautschmuck.

Man mag es bedauern, daß der moderne Mensch die zahlreichen durchsichtigen Pünktchen auf den Blättern, die nur bei Betrachtung gegen das Licht deutlich werden nur unter dem Aspekt ihrer Funktion begreifen kann. Danach handelt es sich um pflanzliche Drüsen, die das ätherische Myrtenöl enthalten. Die griechische Mythologie liefert uns dafür ein viel phantasievolleres Bild: Danach soll Phädra, die Gattin des Theseus in einer Verzweiflungstat mit Hilfe ihrer Haarnadel die Blätter des Myrtenbaumes im Heiligtum der Aphrodite durchlöchert haben. Dies geschah aus Rache an Aphrodite, der Göttin der Liebe, da Phädras Liebe von ihrem Stiefsohn Hyppolithos nicht erwidert wurde. Ob Verzweiflungstat oder biologische Funktion, die alte Heilkunde verwendete Myrtenblätter bei Bronchitis und Katarrhen. Aus dem Saft der blauen Beeren läßt sich ein Mittel gegen Verdauungsstörungen bereiten, und bei äußerlicher Anwendung wurde er zum schwarzfärben der Haare verwendet.
Gute Düfte begleiten selbst die Verdauungsprodukte, die sich veilchenduftend beim Wasserlassen bemerkbar machen. Aus den ätherischen Ölen der Myrte entsteht beim Verdauungsvorgang im Körper ein Jonon (Ketonkörper), der für diesen verantwortlich ist. Bereits die römischen Hetären wußten von diesem Zusammenhang und sollen fleißig davon Gebrauch gemacht haben.
Als Kübelpflanze stellt die Myrte keine allzugroßen Ansprüche, wenn man sich vergegenwärtigt, woher diese Pflanze kommt und demzufolge von allzu reichlichen Wassergaben absieht. Während der kalten Jahreszeit soll die Pflanze kühl und hell in einem frostfreien Raum überwintern können.

Pfeifenstrauch, *Philadelphus coronarius*

Dieser beliebte, winterharte Strauch ist südosteuropäischer Herkunft. Dort wächst er in wärmeliebenden Laubholzgebüschen und an felsigen Hängen. Die für uns am nächsten gelegenen natürlichen Standorte liegen in der Steiermark und in Tirol. Der Gattungsname der Pflanze soll

sich von Ptolomaeus II., Philadelphos, einem ägyptischen König, ableiten. Nach der Überlieferung gaben die Griechen ihm diesen Namen, da der König mit seiner Schwester verheiratet war und Philadelphos so viel wie schwesterliebend bedeutet. Nur, die gedankliche Brücke von der Geschwisterliebe in ägyptischer Vorzeit zum prächtigen Pfeifenstrauch will sich bei mir nicht so recht schlagen lassen.
Neben dem bekannten und beliebten Fliederstrauch, dessen Duft sich allgemeiner Beliebtheit erfreut, gehen die Empfindungen beim »Falschen Jasmin« extrem weit auseinander. Gestreng dem Motto »alles oder nichts« kann man den Duftakkord als berauschend schön empfinden und die Frühsommertage voller Duft und Blüte zu alljährlichen Höhepunkten im Duftgarten werden lassen, oder aber man zählt zu jener Gruppe von geruchsempfindlichen Menschen, denen der schwere süße und starke Orangen-Lilien-

Nicht alle empfinden den schweren Duft des Pfeifenstrauchs als angenehm.

Jasmin-Zimt-Geruch »den Atem nimmt«. Mir scheint, daß keine Pflanze geeigneter ist, so widersprüchliche Empfindungen hervorzurufen wie der Pfeifenstrauch. In der Tat finden sich beide Duftempfindungen sogar in der Namensgebung wieder, wo man neben blumigen Namen auch Bezeichnungen wie Kopfwehblume und Totenblume finden kann. Meine Nase tendiert eher zur Fraktion der Kopfweh-Geneigten; mich erinnert der Geruch an die drückende Schwere des Königslilien-Duftes, der in den Räumen lastet, falls man ohne böses Ahnen gewagt hat, einen Strauß davon ins Zimmer zu stellen. Auch der Geruch des Pfeifenstrauchs macht sich in der Nase breit und haftet lange Zeit, selbst wenn sich die Pflanze längst außer Sichtweite befindet.
In unseren Breiten ist der Strauch schon sehr lange in Kultur und bereits 1613 im »Hortus Eystettensis« erwähnt. Früh regte der Duft auch diejenigen zu geschäftiger Tätigkeit an, die das ätherische Öl des Pfeifenstrauchs zum Verfälschen des echten und fast unbezahlbaren Jasminöls verwendeten.
Wen der starke Duft zu begeistern vermag und wer den benötigten Platz in sonniger Gartenhecke oder an der Südseite des Hauses aufweisen kann, der könnte sogar durch entsprechende Auswahl der angebotenen Sorten und Hybridformen die Blüte- und Duftzeit vom Mai bis in den Juli hinein verlängern.
Eine weitere Duftnote des »Bauernjasmins«, wie der Strauch auch genannt wird, wäre zu erwähnen. Die hellgrünen jungen Blätter haben den Duft und den Geschmack reifer Gurken. Zu Zeiten Elisabeth I. von England verwendete man deshalb die jungen Blätter gerne zu Salaten und mischte sie auch unter Gemüse. In Italien soll dies auch heute noch praktiziert werden. Den Gurkenduft empfinde ich zwar als angenehm, doch hat mich der schwere Duft der Blüten bisher davon abgehalten, die Pflanze dahingehend kennenzulernen.
Der Pfeifenstrauch ist recht robust und Pflegearbeiten werden sehr gut vertragen. Ein kräftiger Schnitt der alten Triebe, am besten nach der Blüte, regt das Wachstum neuer Schößlinge an.
Der etwa 3 m hohe Strauch ist aber wegen seiner Wüchsigkeit für sehr kleine Gärten weniger geeignet, obwohl das jährliche Dufterlebnis diese Bedenken zerstreuen könnte.

Rosen

Der Rose, der kostbarsten aller Blumen, wird in diesem Rahmen ein recht bescheidenes Dasein eingeräumt. Doch dies nicht, weil ich Rosen geringer schätze. Ein Rosenfachmann verdient die größte Hochachtung, bedeutet doch für mich die Kultur der Rose immer schon

Moos-Rose; harmonische Duftakkorde aus »Hunderten Blütenblättern«.

ein Stückchen Streben nach Vollendung.
Leider ist jedoch auch bei der Rosenzüchtung die Tendenz, Form und Farbe höher zu bewerten als den Duft, am Rosenangebot deutlich ablesbar. Hier seien nur wenige alte und stark duftende Arten und Sorten erwähnt, deren Anpflanzung im Duftgarten mir besonders empfehlenswert erscheinen.

Damaszener Rose,
Rosa damascena

Diese Rose wird als natürliche Kreuzung zwischen *Rosa gallica* und *Rosa phoenicia* angesehen. Sie gelangte als »Kriegsbeute« der Kreuzfahrer im 13. Jahrhundert von Damaskus nach Frankreich. Die rosafarbenen, halbgefüllten Blüten sind stark duftend.

Duftgehölze

Park-Rose; Jahrtausende der Züchtung brachten eine Vielzahl von Farben und Düften hervor.

Die wohl bekannteste Rose mit wirtschaftlicher Bedeutung für die Rohstoffgewinnung des echten Rosenöls ist die »Bulgarische Ölrose« *(R. damascena* 'Trigintipetala'). Sie wurde bis vor etwa 300 Jahren in der Gegend von Bursa in Anatolien angebaut. Das heutige Hauptanbaugebiet liegt bei Kasanlak im Süden Bulgariens. Die »Dreißigblättrige Rose« duftet sehr stark und ist eine Zier für jeden Duftgarten. Der Strauch wird etwa 2 m hoch und eignet sich für den Einzelstand.

Essigrose, *Rosa gallica*

Die Rose, die den größten Einfluß auf die Entwicklung der unzähligen Sorten genommen hat, ist die Essigrose *(Rosa gallica)*. Sie wurde bereits von den Medern und Persern im 12. Jahrhundert v. Chr. kultiviert und galt als religiöses Symbol. Ihre natürliche Verbreitung hat sie vom Iran bis nach Frankreich. Viele Varietäten sind im Laufe der Jahrhunderte herausgezüchtet worden. Die Blüten haben ein sehr würziges Parfüm, duften aber nicht so stark wie die Damaszener Rosen.

Kohlrose, *Rosa centifolia*

Die Kohlrosen oder Zentifolien *(Rosa centifolia)* sind in einer Vielzahl von Varietäten erhältlich. Die natürliche Kreuzung zwischen *Rosa alba* und *Rosa damascena* ist vor allem in den Balkanländern beheimatet, wo sie bergige Gegenden bevorzugt. Die »Mai-Rose«, wie sie auch noch genannt wird, ist neben der Damaszener Rose die wirtschaftlich bedeutendste, da auch sie zur Gewinnung des Rosenöls herangezogen wird. Der Anbau und die Destillation erfolgt heute noch im Süden Frankreichs in der vom Klima bevorzugten Provence.

Zypressenkraut; eigenwilliger Duft ...

... und Reichblütigkeit.

Zypressenkraut, *Santolina chamaecyparissus*

Das Zypressenkraut besiedelt Zwergstrauchheiden im gesamten westlichen Mittelmeerraum von den Pyrenäen bis nach Mittelitalien. Früher wurde sie als Heilpflanze angebaut und fand zusammen mit der Eberraute auch als Mottenkraut Verwendung. Als Zierpflanze ist der immergrüne Halbstrauch heute in Steingärten gerne gesehen.
Die Heiligenblume, wie sie noch genannt wird, hat wunderschön silbrig-graue und fein gefiederte, filzige Blätter, die bei Berührung sehr aromatisch nach Zypresse und Kamille mit typisch eigener Note duften. Im Juli und August trägt die Pflanze hunderte langgestielter gelber Blütenköpfchen, denen die für Korbblütler typischen großen Zungenblüten jedoch fehlen. Der Duft der Blüten ist nichtssagend oder sogar etwas unangenehm.

Ob man mit dem Zypressenkraut hübsche kleine Hecken ziehen, Duftwege einfassen oder kleine Gruppenpflanzungen vornehmen will, immer sollte ein sonniger, geschützter Standort an einer gut drainierten Stelle im Garten gewählt werden. Die Pflanze ist frostempfindlich und Staunässe bekommt ihr schon gar nicht. In den kalten Wintern der letzten Jahre sind meine Pflanzen zurückgefroren, aber im Frühjahr wieder willig ausgetrieben. Der Rückschnitt wird ebenfalls gut vertragen, doch sollte er nicht später als Ende März erfolgen, da sonst die Blühwilligkeit darunter leidet.
Eine enge Verwandte der Heiligenblume ist die Art *Santolina virens* mit ebenso feinlaubigen, aber kräftig grünen Blättchen. Beide Arten lassen sich sehr gut miteinander kombinieren, durch ihr äußeres ähnliches Erscheinungsbild sehen sie nebeneinander ausgepflanzt sehr gut aus.

Duftteppiche, Duftrasen und Duftpfade

Man kann den findigen Gärtnern, die irgendwann auf den Gedanken kamen Duftrasen anzulegen, nicht dankbar genug sein. Bei englischen Gartenfreunden ist diese duftende Variante zur Belebung langweiliger Rasenflächen verbreiteter und weit beliebter als bei uns.
Duftrasen und Duftpfade empfehle ich für Gartenbesitzer, die sich aus Platz- oder sonstigen Gründen noch nicht für eine Blumenwiese entschieden haben, denen jedoch das Einheitsgrün ihres Rasens schon lange Zeit ein Dorn im Auge ist. Die Umwandlung des Rasens in eine Blumenwiese bringt den gleichen Aufwand mit sich. Probieren Sie doch beide Möglichkeiten. Zu sehen und zu riechen gibt es in beiden Fällen eine Menge. Wenn auch die Anlage mit Mühe verbunden ist, so beflügelt die Vorstellung ungemein, sich in absehbarer Zeit in ätherischen Wohlgerüchen wälzen zu können. Mich hat der Gedanke von Anfang an fasziniert, und meine Erfahrungen möchte ich gerne weitergeben. Hier sollen sich die Bemerkungen auf die Anlage von Duftflächen beschränken, das Thema »Blumenwiesen« würde den Rahmen dieses Buches sprengen.
Drei Duftrasen-Pflanzenarten, die sich hierfür besonders eignen, möchte ich vorstellen. Andere Arten sind für diesen Zweck entweder zu lückig oder sie vertragen Schnitt und Tritt nicht so gut.

Römische Kamille, *Anthemis nobilis*

Den schnellsten Erfolg erzielt man mit der Römischen Kamille *(Anthemis nobilis),* die sich wegen ihrer Wüchsigkeit, ihrer Anspruchslosigkeit und ihres angenehm fruchtigen Geruchs besonders gut für die ersten Duftpfad-Versuche eignet.
Die Edelkamille stammt aus dem westlichen Mittelmeergebiet, ist bei uns jedoch seit dem Mittelalter eingebürgert. Früher wurde sie gerne als Zier- und Heilpflanze in Bauerngärten kultiviert.
Hat man sich zu einem Duftpfad, etwa durch den Rasen oder entlang vielbegangener Wege, entschlossen, so beginnt man mit der schweißtreibenden Arbeit, die Grassoden des Rasens abzustechen. Wer gute Beziehungen zu einem Gartenbetrieb hat, läßt sich die Fläche umfräsen. Am allereinfachsten ließe sich die Angelegenheit bewerkstelligen, wenn man die gewünschte Fläche bereits im Spätherbst mit einer schwarzen Folie oder ähnlichem abdeckt. Bis die Pflänzchen im Frühjahr, d.h. im Mai, bis zur Auspflanzgröße vorgezogen sind, ist der größte Teil aller Gräser und Unkräuter unter der Folie erstickt. Auf diese vorbereitete und pflanzfertige Fläche bringt man die

Duftrasen

Römische Kamille; 4 Wochen nach Pflanzung, ...

... Bestand nach ca. 10 Wochen.

Duftrasen in blühendem Zustand.

jungen Edelkamillesetzlinge im Abstand von etwa 20 cm in den Boden. Je nachdem, wie schnell die Fläche geschlossen sein soll, sind etwa 10–20 Pflanzen/m^2 ausreichend. Zu dicht braucht allerdings nicht gepflanzt werden, da der üppige Wuchs und die wurzelschlagenden Triebe die Pflanzfläche noch im Laufe des Sommers schließen.
In den ersten Wochen sollte aufkommendes Unkraut entfernt werden. Es läßt sich jedoch selbst bei geschlossenem Bestand nicht ganz verhindern, daß unerwünschte Samen einfliegen und im Duftrasen aufgehen. Wenn man berücksichtigt, daß beim Entfernen des Unkrauts die Kamillenfläche begangen werden darf und bei diesem Vorgang die herrlichsten Duftschwaden aufsteigen, so kann der sonst lästigen Arbeit des Unkrautzupfens eine rundweg positive Seite abgerungen werden.
Das Begehen der Duftpfade oder besser das Wandeln in Duftwolken wird zum reinen Vergnügen. Selbst ein kombiniertes Sonnen- und Kamillenbad mitten auf der Duftfläche, bei dem man sich im fruchtigen Wohlgeruch reifer Äpfel und geschälter Bananen aalen kann, wird von den robusten Pflanzen gut vertragen, solch unsanfte Behandlung verübelt die Edelkamille nicht.
Vielleicht mag Ihr Nachbar den Kopf über Sie schütteln, wenn er sie dabei beobachten sollte, wie sie sanft über den sattgrünen Edelkamillen-

rasen streicheln oder wie Sie sich mit sichtlichem Genuß gen Boden neigen, um möglichst viel des wohltuenden und belebenden Duftes in sich hineinzusaugen. Ein ähnliches Bild müssen ein Freund und ich geboten haben, als wir vor meinem Kamillenrasen knieten und abwechselnd, gleich frommer Mohamedaner, die Nase in den Duftrasen steckten, uns mit zufriedenem Gesichtsausdruck anschauten, um weitere Male in das Duftmeer hinabzutauchen. Es reicht aber ebenso, den duftenden Pfad einfach nur langsam abzuschreiten, am wohltuenden Geruch der ätherischen Öle wird man auch auf diese Weise teilhaftig.

Schneidet man den Duftrasen, was ab und zu geschehen sollte, so wird die Pflanze zu vermehrtem Wachstum angeregt und die Fläche schließt sich dichter. Ob man den Duftweg oder den Duftrasen zum Blühen kommen läßt, soll nicht zur Glaubensfrage werden. Ich finde die recht großen Edelkamillenblüten so schön, daß ich jedes Jahr einen Teil der Pflanzen blühen lasse. Aus den Blütenköpfchen läßt sich nach dem Trocknen ein angenehmer Kamillentee bereiten. Recht selten bekommt man noch eine gefüllte Form *(A. nobilis flore plena),* die natürlich steril bleibt und sich nur vegetativ über Ausläuferbildung vermehren kann. Zollt man den vielen Bienchen und Schwebfliegen auch ihren Tribut, so ist die ungefüllte Wildart vorzuziehen. Beginnen Sie bei der Anlage aber auf jeden Fall erst einmal mit kleineren Flächen von ungefähr 2–5 m^2 Größe.

Vielleicht mögen noch ein paar Hinweise auf die Vorzüge dieser Pflanze über den Mehraufwand an Duftrasenpflege hinwegtrösten. Stellen Sie sich einen erhöhten Edelkamillen-Sitzplatz vor, etwa an einer Böschung, von dem Sie im Wohlgeruche sitzend, ihren Gartenteich beobachten können. Vielleicht wohnen Sie mit ebenerdiger Terrasse, für die sich ein vorgelagerter Duftrasenteppich anbieten würde. Beim Betreten und Verlassen Ihres Wohnbereichs bliebe Ihnen nichts anderes übrig, als die Duftfläche zu beschreiten. Angenehmer läßt sich der Übergang vom Wohnbereich zum Garten kaum gestalten.

Auch den Balkonkasten können Sie vorteilhaft mit der Römischen Kamille bepflanzen. Er bietet gar den Vorteil, das herrliche Aroma fast in Nasenhöhe genießen zu können. Es mag ja sein, daß vorab erwähnter Bodenkontakt nicht für alle Gartenfreunde gleichermaßen geeignet ist, so daß die Balkonmethode als Alternative für den »Dufteinstieg« durchaus genügt.

Die winterharte Edelkamille erfreut uns mit ihren immergrünen Blättern fast das ganze Jahr hindurch. Stauende Nässe verträgt sie allerdings nicht, und es kann vorkommen, daß deshalb ein Teil der Pflanzen auswintert.

Der Sand-Thymian lädt zu aromatischen Spaziergängen ein.

Feldthymian, *Thymus pulegioides*

Unser einheimischer Feldthymian eignet sich in gleicher Weise für den Duftrasen oder den Duftpfad wie die Römische Kamille. Der Feldthymian oder Quendel ist ein Sonnenkind, der trockene, heiße Standorte bevorzugt. Sollten Sie sich schon seit Jahren über den Rasen ärgern, der ohne intensive Wässerung den Sommer nicht überleben würde, so ist Ihr Standort mit Sicherheit gerade richtig für den Quendel. Wenn sich dieses Jahr also der Gras-Rasen wieder anschickt zu vertrocknen, könnten Sie in ähnlicher Weise wie bei der Edelkamille, auch mit gleichem Pflanzabstand, den Feldthymian einsetzen. Auch diese Mühe wird mehrfach belohnt.
Neben dem intensiven, würzigen und erfrischenden Thymianduft, den ich feiner und runder empfinde als den des würzig-herben Küchenthymians, gesellt sich die langandauernde Blütezeit des Feldthymians.
Ist der Duftrasen bereits zu einer geschlossenen Fläche zusammengewachsen, so wogt während der Hochsommermonate ein unbeschreibliches Blütenmeer. Angelockt von der Blütenpracht und dem Blumenduft glaubt man Hunderte fleißiger Bienen zu hören, die unaufhörlich damit beschäftigt sind, keine einzige Blüte auszulassen. Der Gedanke, von diesem emsigen Treiben in Form eines köstlichen Honigs auch noch profitieren zu können, macht die Beobachtung noch ein Stückchen interessanter. Während dieser regen Bienentätigkeit empfiehlt es sich natürlich weniger, das liebgewonnene Sonnenbad im Thymianduftbett zu genießen.
Vom Quendel haben Gärtner noch die Varietät *»citriodora«* selektioniert, die in Wuchs und Blüte der Wildform ähnelt. Wie der Name andeutet, überwiegt die zitronenhafte Geruchskomponente und gibt dem Duftrasen den besonderen Reiz.
Wem ein ausgeprägter Orangenduft lieber ist, sollte seinen Duftrasen mit *Thymus fragrantissimus* bepflanzen. Leider muß man sehr lange suchen, bis man Samen oder Topf-

pflänzchen dieser seltenen Thymianart gefunden hat. Die Duftteppiche werden mit dieser Art nicht ganz so dicht wie bei den beiden anderen Arten, doch lohnen die wenigen Quadratmeter Orangenduft die anfallenden Pflegearbeiten.

Poleiminze, *Mentha pulegium*

Als rasenbildende Pflanze für feuchte und halbschattige Bereiche im Garten bietet sich die Poleiminze *(Mentha pulegium)* an. Diese Minzenart ist im ganzen eurasischen Raum vor allem im Überschwemmungsbereich größerer Flüsse wie Rhein, Elbe und Oder zu finden. Sie steht seit der Antike in hohem Ansehen und wurde bereits von Hippokrates und Dioskurides erwähnt. Bis ins 16. Jahrhundert erfreute sich das Kraut großer Beliebtheit, ist heute jedoch selbst in Bauerngärten eine Seltenheit.
Es fand Verwendung als Desinfektionsmittel bei Behandlung von Lungenleiden aber auch als wirksames Mittel gegen Ungeziefer. Von der zuletzt genannten Verwendung leitet sich auch der Name »Polei« ab, der wahrscheinlich vom lateinischen *pulex* = Floh herrührt. Auch wenn man heute meist nur mit Katzenflöhen konfrontiert wird, verdient die Poleiminze als z. B. Duftrasenpflanze wieder mehr Beachtung. Den typisch frischen Minzengeruch empfinde ich als sehr ausgewogen,

Die Poleiminze als zartlila blühender Minzenteppich.

mild und angenehm ohne die Schärfe einer Acker- oder Wasserminze. Vielleicht ist mancher Gartenbesitzer versucht bei Erwähnung der Minze gleich entrüstet weiterzublättern. Ich könnte es gut verstehen, wird die Freude über frischen Pfefferminztee doch meist durch den unbändigen Wuchs vieler Minzearten nachhaltig getrübt. Man sollte deshalb nicht versäumen, sich genauestens über die Wuchseigenschaften der gewünschten Minze zu erkundigen. Von allen Minzensorten sind diejenigen, die unterirdische Ausläufer bilden mit besonderer Vorsicht in den Garten einzubringen. Am sichersten umgibt man den Pfefferminzbestand mit einer 30 cm tief eingegrabenen Teichfolie, die

Spanische Minze; Duftrasen für Balkonkästen und Blumenkübel.

den Expansionsdrang doch in Grenzen hält. Wie harmlos dagegen die Poleiminze; sie begnügt sich mit oberirdischen Ausläufern und ist deshalb immer im Zaum zu halten. Ein gutes Plätzchen zur Ansiedlung böten die in zunehmender Anzahl gebauter Gartenteiche. Anstelle den Rasen direkt am Teichrand enden zu lassen, ließe sich um den Teich ein Streifen von etwa 0,5 m mit der Poleiminze bepflanzen. Der Standort wäre gut geeignet. Jeder Beobachtungsgang um den Gartenteich könnte mit dem würzig frischen Minzendufterlebnis bereichert werden.
Mir erscheint es viel zu schade, den Poleiminzenrasen vor der Blüte abzumähen, denn die in Scheinquirlen angeordneten hellvioletten Blüten stellen wie die Thymianteppiche wunderbare Bienenweiden dar.
Nach der Blüte bleibt hierfür immer noch genügend Zeit, zumal der Minzenteppich um den Teich auch ohne Pflegeschnitt auskommen würde.

Spanische Minze, *Mentha requienii*

Für weniger stark strapazierte Flächen ließen sich mit der spanischen Minze kleinere Duftkissen und -Sitzplätze schaffen. Diese nicht ganz winterharte Minzenart beeindruckt durch ihren winzigen Wuchs, ihre ebenso winzigen Blüten und einem besonders intensiven Minzegeruch, der mich an pfefferminzgefüllte Schokoladenplätzchen erinnert. Gegen Trittbeanspruchung ist sie recht unempfindlich. Hält man sie als Kübelpflanze, die man in Nasenhöhe aufstellt, offenbart sich der äußerst erfrischende Pfefferminzgeruch aus allernächster Nähe. Im Wuchs bildet sie dichte undurchdringliche dunkelgrüne Teppiche aus, die nur wenige Zentimeter Höhe erreichen. Die Pflanze erinnert ein wenig an den »Bubikopf«. Sie kann im Kübel auswintern, doch keine Sorge, sie vermehrt sich von ganz alleine durch Selbstaussaat.

Duftblatt-Pelargonien, *Pelargonium* spp.

Pelargonien sind Pflanzen, die hauptsächlich die südliche Hemisphäre unserer Erde besiedeln. Von den ungefähr 200 weltweit vorkommenden Arten sind etwa 170 Arten in den Provinzen rund ums Kap der Guten Hoffnung zu finden.
Anfang des 17. Jahrhunderts, als Holländer und Engländer ihre Handelsbeziehungen bis Afrika und Indien ausweiteten, gelangten von diesen Entdeckungsreisen die ersten Pelargonienarten mit in die europäische Heimat. In der Folgezeit wetteiferten beide Seefahrernationen um den Import von Pflanzenmaterial nach Europa. Etwa zur gleichen Zeit gegen Ende des 17. Jahrhunderts ließen sich, des Wettstreits ungeachtet, etliche Pelargonienarten in den Botanischen Gärten in Leyden und in Kew etablieren.
Unabhängiger vom rauhen Klima europäischer Breiten experimentierten die Züchter in Gewächshäusern leidenschaftlich. Denn sicherlich bestand ein prickelnder Reiz darin, aus den verschiedenartigsten Blattdüften neue Kompositionen entstehen zu lassen.
Lange Zeit blieb es still um die Neueinführungen bis mit Aufkommen beheizbarer Gewächshäuser Anfang des 19. Jahrhunderts die große Stunde der Pelargonienzüchtungen schlug. Die Pflanzen wurden sehr beliebt und ebenso vielfältig genutzt, sei es im Duftkissen bei Schlafstörungen, sei es zum Aromatisieren von Gebäck und Süßspeisen. Mit zunehmender Betonung optischer Sinnesfreuden gerieten die Duftblattpelargonien in den nächsten Jahrzehnten wieder in Vergessenheit. Großblumige und gefüllte Pelargonien waren gefragt, die kleinblütigen Formen kamen schließlich ganz aus der Mode. Dagegen treten heutzutage die Blattdufter wieder stärker in den Mittelpunkt des Interesses.
Über die Namensgebung dieser Pflanzengruppe herrschte damals wie heute einige Verwirrung. Kaum jemand würde seine Balkongeranien als Pelargonien bezeichnen, obwohl dies botanisch der richtige Name wäre, da nahezu alle unsere heutigen »Kulturgeranien« von den beiden Arten *Pelargonium zonale* und *Pelargonium peltatum* herrühren.
Geranium und *Pelargonium* sind zwei gut unterscheidbare Gattungen aus der Familie der Storchschnabelgewächse *(Geraniaceae)*, darin besteht kein Zweifel. Nur, Pelargos (griech.) heißt eigentlich Storch und Geranos (griech.) ist der Kranich, also müßten die Storchschnabelgewächse besser Kranichschnabelgewächse heißen.
Auf den Kronblättern fast aller Pelargonienblüten erkennt man ein in dunklen Rottönen gefärbtes Strichmal. Es hebt sich meist deutlich

Duftende Pelargonien

vom hellen Untergrund des Kronblatts ab. Diese Strichmale haben die Funktion, auf die Blütenmitte mit ihrem Nektarvorrat hinzuweisen. Insekten können in anderen Farbbereichen des Lichts, wie z. B. im UV-Bereich, weit besser sehen, als uns dies je gelingen kann. Sie vermögen eine Blüte in etwa so wahrzunehmen, wie wir, wenn die Pelargonienblüte unter einer UV-Lampe betrachten. Der äußere hellere Rand reflektiert das Licht so stark, daß er weiß erscheint, während von dem sonst dunkelrot gefärbten Strichmalen keinerlei Reflexion ausgeht und sie schwarz aussehen.
So gesehen stellen die Blütenblätter für Insekten einen großen Wegweiser dar, der schon von weitem lockt, während die Strichmale auf den Nektarvorrat weisen, der als Belohnung für die vollzogene Bestäubung genascht werden darf.
Wenngleich nicht winterhart und auch nicht zur heimischen Flora zählend, so dürfen die Duftpelargonien, als Topf- oder Kübelpflanzen, meine ich jedenfalls, in keinem Duftgarten fehlen. Vor allem bieten sich diese Pflanzen für Terrassen- und Balkongärtner an, die sich ihre kleine Duftecke schaffen möchten.
Vor einigen Jahren machte ich in einer Staudengärtnerei der benachbarten Schweiz meine erste Bekanntschaft mit den Duftpelargonien. Vom starken Pfefferminzgeruch und den samtigen, kräftig grünen Blättern begeistert, war mein Interesse für *Pelargonium tomentosum* und andere Vertreter dieser Pflanzengattung sogleich geweckt. Inzwischen schränken bereits Platzprobleme beim Überwintern meine Sammelleidenschaft ein.

Pfefferminz-Pelargonien

Die bereits erwähnte Pfefferminz-Pelargonie *(Pelargonium tomentosum)* ist eine breitwüchsige, niederliegende, prächtige Erscheinung mit langen Stengeln und großen Blättern. Die ganze Pflanze ist dichtfilzig, samtig behaart, und fast jeder Betrachter möchte die Pflanze streicheln oder anfassen.
Ich habe die Pfefferminzpelargonie und die Rosenpelargonie im Garten an verschiedenen, jedoch gut zugänglichen Stellen ausgepflanzt. Einmal wachsen die Pflanzen dadurch kräftiger, und sie bilden eine Vielzahl von Blättern. Die benötige ich, um bei jedem Gartenrundgang ungeniert ein Blättchen abzupfen zu können, ohne die Pflanze wesentlich im Wuchs zu beeinträchtigen. Ich zerreibe das Blättchen zwischen den Fingern und genieße den erfrischenden Geruch während meiner Gartenpromenade.
Die dicken samtigen Blätter lassen eine Reihe weiterer köstlicher Nutzungen zu und anstelle käuflicher Pfefferminz-Essenzen oder Geschmackstoffe, bilden die Pelargonien-Blätter einen vorzüglichen Pfefferminz-Ersatz, der obendrein das ganze Jahr verfügbar ist.

Pelargonium 'Queen of Lemon' ▷

Duftende Pelargonien

P. tomentosum mit Pfefferminzgeruch.

P. crispum minor mit frischem Zitronenduft.

Neben einer Reihe von Varietäten wie P. 'Lady Plymouth', P. 'chocolate', P. *tomentosum,* 'Joy Lucile', die sich untereinander hauptsächlich in Blattform und Farbe unterscheiden, gibt es weitere Arten wie *P. pseudoglutinosum* und *P. exstipulatum,* denen allen der ausgeprägte Pfefferminzgeruch eigen ist.

Zitronen-Pelargonien

Eine andere Gruppe blattduftender Pelargonien verströmt beim Zerreiben der Blätter Impressionen von verschiedenen Citrusfrüchten. Unter diesen Sorten ist *P. graveolens* 'Princess Ann' die bekannteste und als »Zitronengeranie« schon eher mal auf einer hellen Fensterbank zu finden. Duftbegeisterte Pelargonien-Liebhaber könnten aus der Vielzahl der Arten und Sorten genau ihre Geschmacksrichtung aussuchen, da vom starken Duft reifer Zitronenschalen bis zum lieblich appetitanregenden Orangengeruch eine weite Palette fruchtig erfrischender Nuancierungen angeboten werden.

Mir sagt *P.* 'Queen of Lemon' am stärksten zu, da mir bei Berühren der Pflanze jedesmal »das Wasser im Munde zusammenläuft«. Auch *P. crispum minor* habe ich »zum Fressen gerne«, besticht sie doch zusätzlich mit einer eher zierlichen, eleganten Erscheinung. Ganz im Gegensatz zur kleinwüchsigen Gestalt von *P. crispum minor,* ist *P. citronella* sehr starkwüchsig und ihre großen Blätter duften intensiv nach Zitronenmelisse.

Rosen-Pelargonien

Zu den besonderen Blattduftern zählen die Rosen-Pelargonien. Sehr stark an den Rosenduft erinnern die Spezies *P. radens, P. graveolens* und *P. capitatum.* Alle drei sind starkwüchsige Arten, die in ihrer

P. graveolens; angenehmer Rosenduft.

südafrikanischen Heimat etwa 1 m hohe Sträucher werden. Bei uns gedeihen sie als Topf- oder Kübelpflanzen recht gut.
Vor allem wegen ihres Gehalts an ätherischen Ölen, die dem echten und teuren Rosenöl sehr ähnlich sind, werden in Spanien, Nordafrika und auf der Insel Réunion große Mengen von *P. capitatum* und *P. graveolens* angebaut. Gewaltige Mengen dieses Pelargonium-Öls (Geraniol) werden heute als Rosenöl-Ersatzstoff von der Parfümindustrie zu den verschiedensten Produkten weiterverarbeitet. Beim weltweiten jährlichen Einsatz Tausender von Tonnen an Riechstoffen ist es eine Frage der vorhandenen Anbaufläche und des Preises, wollte man Rosenöl ausschließlich aus Rosenblättern gewinnen. Bei einem Kilopreis von ca. 11000 DM (!) für echtes bulgarisches Damaszener-Rosenöl, ist es verständlich, daß man auf weniger arbeits- und preisintensive Produkte ausweichen möchte.
So wie der typische Rosenduft von einem Gemisch vieler Einzelsubstanzen herrührt, so ist der Blattduft der Rosenpelargonien ebenso eine Mischung vieler Komponenten. Mit etwas Übung kann man die blumigen, fruchtigen, zitronig-frischen und würzigen Geruchsrichtungen unterscheiden. Diese Grundmischung variiert bei den verschiedenen Arten und Varietäten mal mehr zum zitronig-fruchtigen, mal eher zum blumig-rosigen hin.
Stark in Richtung des blumig-rosigen Duftes wurde die Varietät *P.* 'Attar of Roses' ausgelesen, die sich nach meiner Duftempfindung nur um Nuancen von *P.* 'Queen of Roses' oder *P. graveolens* unterscheidet. Trotzdem haben alle ihren besonderen Reiz, und wem genügend Überwinterungsmöglichkeiten zur Verfügung stehen, sollte mit möglichst vielen Spielarten Freundschaft schließen.

Sonstige Duftrichtungen

Neben den drei hauptsächlichen Duftrichtungen wie »minzig«, »zitronig« und »rosenhaft«, finden sich noch eine große Anzahl sehr eigenwilliger Duftkompositionen wie beispielsweise bei *P. filicifolium.* Der aromatisch balsamische Duft, den die wunderschön feinfiedrig geteilten Blätter beim Berühren verströmen, erinnert mich an die sehr an-

genehmen Duftwolken der Eberraute.
Wie unterschiedlich Düfte von den Mitmenschen empfunden werden, wird einem bei manchen Gelegenheiten besonders deutlich. »Männer!« lautete die kurze und knappe Umschreibung des Balsam-Pelargoniendufts *(P. filicifolium)*, die eine den Wohlgerüchen aufgeschlossene Dame kürzlich von sich gab. Weniger Anlaß zu Duftmißverständnissen bietet *P. fragrans* mit ihrem starken Geruch nach Fichten- oder Kiefernadeln. Die harzig frische Note empfinde ich selber nie so stark, daß sie unangenehm werden könnte. Die Blätter fallen durch ihr türkisfarbenes Aussehen und ihre stumpfsamtige Oberfläche auf. Fruchtige Beitöne nach Erdbeeren meint man bei *P.* 'Countess of Scarborough' zu erschnuppern.
Bei *P.* 'Lilian Pottinger' drängt sich ein Ananas- und bei *P. crispum* 'Peach Cream' ein Pfirsichduft leicht in den Vordergrund, während die Blätter von *P. odoratissium* nach frisch geschnittenen Äpfeln duften. Die letztgenannte Art ist schwachwüchsig und hat winzige weiße Blütchen. In der Reihe der außergewöhnlichen Blattdüfte darf *P. chlorinda* nicht fehlen. Diese Form fällt durch große lappige Blätter, die intensiv nach Grünem Pfeffer riechen, auf. Ungewöhnlich auch die sehr großen Blütendolden, die eher an die bekannten »Geranien-Zuchtformen« erinnern. Wintergartenbesitzern sei die fast mannshohe *P. papilionaceum* empfohlen. Sie bevorzugt in ihrer afrikanischen Heimat die halbschattigen Lagen am Waldrand. Diesem Lebensraum sind auch die handtellergroßen Blätter angepaßt.
Die außergewöhnlich großen, bis zu 10 cm breiten Blätter und die wunderhübschen Blüten machen sie zu einer attraktiven Kübelpflanze, die

P. filicifolium duftet würzig-aromatisch.

P. clorinda, Pfefferduft und große Blüten.

man auch bei uns nicht in die volle Sonne stellen sollte. Die großen Blätter verdunsten viel Flüssigkeit, so daß der Wasserbedarf der Pflanze außergewöhnlich hoch ist. Im intensiv melissenhaften Duft der Blätter kann ich den Moschus- oder Hammelgeruch, der manchmal beschrieben wird, nicht feststellen. Der Artname *»papilionaceum«* deutet auf die schmetterlingsartigen Blüten hin. In der Tat erinnern die beiden rot überlaufenen Kronenblätter an die Flügel eines Schmetterlings. Die drei unteren Blütenblätter treten kaum in Erscheinung.

Pflege und Vermehrung

Die Pflege der Duftblattpelargonien ist recht unproblematisch. Sie gedeihen in jeder Gartenerde und sind in Töpfen oder Kübeln gut zu halten. Die großblättrigen Arten mögen keine volle Sonneneinstrahlung den ganzen Tag über. Ein halbschattiges Plätzchen ist ihnen lieber. Sukkulenten Arten wie *P. gibbosum* sieht man die Kunst auch mit knappsten Wasservorräten hauszuhalten auch schon am Äußeren an. Beim Schnitt der Pelargonien braucht man sich keine Zurückhaltung auferlegen. Sie treiben willig aus den Seitenachseln wieder aus. Das anfallende Blattmaterial sammelt man natürlich den ganzen Sommer lang um es frisch oder getrocknet zu gebrauchen.

Die Vermehrung der Blattduftpelargonien erfolgt über Stecklinge. Samenbildung erfolgt ebenso leicht. Die hieraus hervorgehenden Pflänzchen stimmen jedoch nicht unbedingt mit der Mutterpflanze überein. Vor dem Überwintern sollten die Mutterstöcke etwas eingekürzt werden. Am frostfreien, hellen Fenster sind sie auch den Winter über gern gesehene Topfpflanzen, an denen man auch in der kalten Jahreszeit seine Freude hat.

Pelargonium 'Capthorme'

Duftrezepte

Hat man bei manchen Düften das starke Empfinden, die Speicheldrüsen würden zur Überproduktion angeregt oder einfacher formuliert, läuft »einem das Wasser im Munde zusammen«, so soll in diesem Abschnitt ganz bewußt der Appetit mit Düften angeregt werden. So wie Düfte sehr individuelle Reaktionen auslösen können, werden gleichermaßen auch die aufgeführten Rezepte bei den Lesern teils Verwunderung, teils Achselzucken, aber hoffentlich auch Zustimmung hervorrufen.
Aus der großen Zahl von Blatt- und Blütenduftrezepten seien hier nur ein paar wenige herausgegriffen. Sie sind ganz schnell ausprobiert und wecken vielleicht sogar den Wunsch eigener Kreationen. Versuchen Sie es einfach.

Monarden-Salat

1 großer Kopf Salat
4 hart gekochte Eier
3 Monarden-Blütenköpfe (= Indianernessel)
1 Teelöffel junge Monardenblätter
Salatsauce French dressing.
Salat wie gewohnt waschen und zerpflücken.
Die Monarden-Blätter waschen und schneiden. Blütenköpfe nicht waschen, da sie sonst an Duft verlieren. Schüssel mit Knoblauchzehe einreiben. Salatblätter, Monardenblätter und geschnittene hartgekochte Eier mischen. Salat-Sauce darüber und mit den Blütenköpfchen garnieren. Servieren.

Lavendel-Zucker

Galt früher als beliebte Süßigkeit. Dazu überdeckt man 2–3 ganze Lavendel-Blütenrispen mit Zucker und läßt im Zuckertopf etwa 3 Wochen ziehen. Der Lavendelduft wird sehr gut vom Zucker aufgenommen.
Auf ähnliche Weise lassen sich auch Blätter der Rosen- oder Pfefferminz-Pelargonie, der Monarde und der Rose verwenden, die dem Zukker dann die entsprechende Geschmacksrichtung geben. Der Minzenzucker läßt sich für kühle Sommergetränke gut verwenden.

Minzen-Gelee

(Spearmint-, Krauseminze oder Pfefferminz-Pelargonienblätter)
50 g Gelatine
$^1/_2$ Liter heißes Wasser
350 g Zucker
$^3/_4$ Liter Weinessig
4 Eßl. gehackte Minzenblätter
Zucker in Essig lösen und 4 Minuten kochen. Gelatine im heißen Wasser lösen und zusammen mit der Minze und einer Prise Salz zum Essig geben. Kurz aufkochen und vom Herd nehmen. Abkühlen lassen

und gelegentlich rühren. Kurz vor dem Erstarren in kleine Schalen umschütten. Im Kühlschrank aufbewahren. Paßt auch gut zu Hammel, Kalb und Schwein.

Zucker-Duft-Blätter

Dieses Rezept dient mehr der Dekoration von Gebäck, Süßigkeiten und Desserts. Die Methode läßt sich bei allen größeren Blüten oder Blättern gut anwenden. Jeweils die schönsten Rosenblütenblätter, die grünen Blätter der Krauseminze oder die der Apfelminze werden herausgesucht. Die Blätter sollten gut trocken sein, bevor sie mit dem Eiweißschaum eingepinselt oder darin eingetaucht werden. Anschließend werden die Blüten bzw. Blätter mit Puderzucker von allen Seiten bestreut und auf Wachspapier gelegt. Im warmen Backofen werden sie sehr vorsichtig getrocknet. Sie lassen sich in luftdichten Behältern auf Wachspapier gut aufbewahren, bis sie bei passender Gelegenheit zur Dekoration verwendet werden. Will man nicht warten, kann man die köstlichen, kandierten Zucker-Duft-Blätter auch gleich aufessen.

Ananas Cocktail

1 frische Ananas
2 Eßl. fein gehackte Minzenblätter
1 Tasse Zucker

Ananas schälen, Fruchtfleisch in Würfel schneiden, Ananassaft mit dem Zucker und der Minze mischen, kurz aufkochen und ein paar Minuten sieden lassen. Auf die Ananaswürfel gießen und kalt stellen. Eine herrlich erfrischende Abwechslung.

Duftgeschenke

Pommander

Ein sympathisches wie praktisches Mitbringsel für Freunde und Bekannte könnten die früher beliebten Pommander sein. Diese gespickten Nelken-Orangen dienten einmal dazu, Motten von Wäscheschränken und -Kommoden fernzuhalten und zur angenehmen Parfümierung von Kleidern oder Wäsche. Der Ursprung der Pommander läßt sich bis ins Mittelalter zurückverfolgen, wo er erstmals in einem französischen Gedicht als »pomme d'embre« erwähnt wird. Die ersten »Amber-Äpfel« waren hübsch verzierte kleine Metallbehälter, die um den Hals getragen wurden und mit kostbaren Duftharzen wie Myrrhe, Benzoe, Galbanum, Mastix oder Perubalsam gefüllt waren. Man trug die »Duftkugeln« um sich vom üblen Gestank der Städte abzulenken. Falls Sie Ihr Urlaub nach Südfrankreich führen sollte, versäumen Sie nicht einen Abstecher nach Grasse, der Duft-

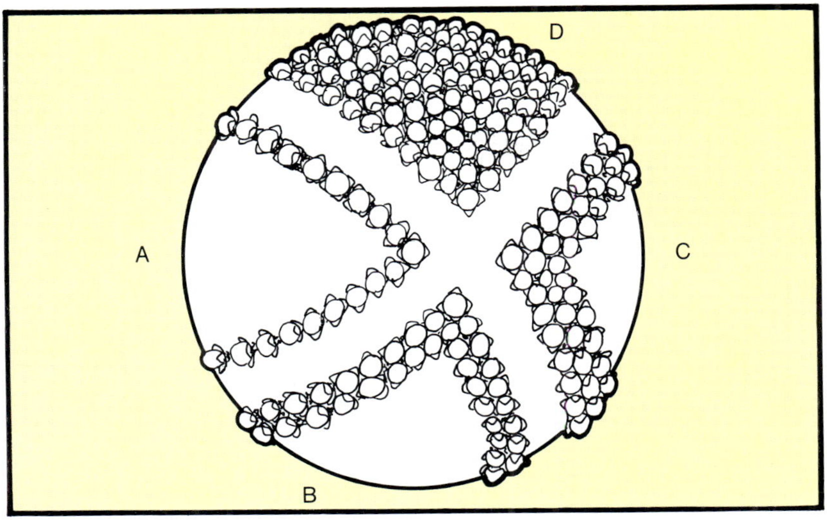

Die einzelnen Schritte der Pommanderherstellung (A–D).

metropole in Südfrankreich zu machen. Im Museum der Parfümerie Fragonard finden Sie eine hübsche Sammlung jener Duftrequisiten vergangener Epochen. Die altmodischen Pommander jedenfalls sind feinste Handarbeit, kleine Kunstwerke zugleich.
Später entstanden weniger kostbare, doch ebenso intensiv duftende Alternativen. Diese Pommander lassen sich auch heute recht einfach herstellen.
Man wählt mittelgroße dünnschalige Orangen aus, die nun dicht an dicht mit Gewürznelken gespickt werden. Jedoch sollte zwischen zwei Nelken ein Abstand von der Breite eines Nelkenköpfchens eingehalten werden, da die Orangen im Laufe der Zeit beträchtlich schrumpfen. Ist die Orange rundum gespickt wie ein Hasenbraten, wälzt man sie in einem Gemisch von je einem Teelöffel Iriswurzelpulver und Zimt.
Nach dieser Prozedur wird die Orange in Wachspapier oder Seidenpapier eingewickelt und »zur Reifung« ein paar Wochen in einen dunklen Schrank gelegt.
Wenn man möchte, können schon beim Spicken etwa 1 cm breite Streifen rund um die Orange herum freigelassen werden. Entlang des Streifens ließe sich ein Samtband wickeln an dem der Pommander aufgehängt werden kann. Man kann man sich auch mit Blumendraht oder Krampen behelfen, die durch die Orange gesteckt werden und an dem der »Duftapfel« mittels einer Schleife befestigt werden kann.

Ideen mit Duft

Duftpelargonien als Gewürze.

Blühender Lavendel.

Die gereiften Pommander sind viel zu schade, um nur im Kleiderschrank versteckt zu werden. Im Zimmer aufgehängt bieten sie einen schönen Blickfang, dem obendrein auch noch eine harmonische Komposition aus Orangen, Nelken, Zimt und Iriswurzel anhaftet. Man braucht sich keine Sorgen darüber zu machen, ob eines Tages faule Orangen von der Decke fallen. Die Nelken konservieren das Fruchtfleisch außerordentlich gut. Nach langen angenehmen Duftwochen werden die Pommander steinhart und höchstens nur noch halb so groß.

Lavendelkörbchen

Ein hübsches kleines Duftgeschenk, das ohne Schwierigkeiten auch von Kindern selbst gebastelt werden kann, ist das Lavendelkörbchen.

Man sammelt den Lavendel kurz vor der Blüte und schneidet ihn mit möglichst langen Blütenstengeln.

Es werden etwa 15 Blütenstengel zu einem Bündel zusammengefaßt und genau unter den Blütenrispen locker zusammengebunden (siehe Abbildung).

Vorsichtig werden die Blütenstengel nun zurückgebogen und in Form eines Körbchens um die Lavendelblüten herum arrangiert. Die Blütenstengel werden über dem Lavendelstrauß mit einer passenden Schleife zusammengebunden und zum Trocknen in einen dunklen Schrank gelegt. Nach ein paar Tagen Trocknungszeit ist man dann um eine Sorge, was man verschenken könnte, ärmer.

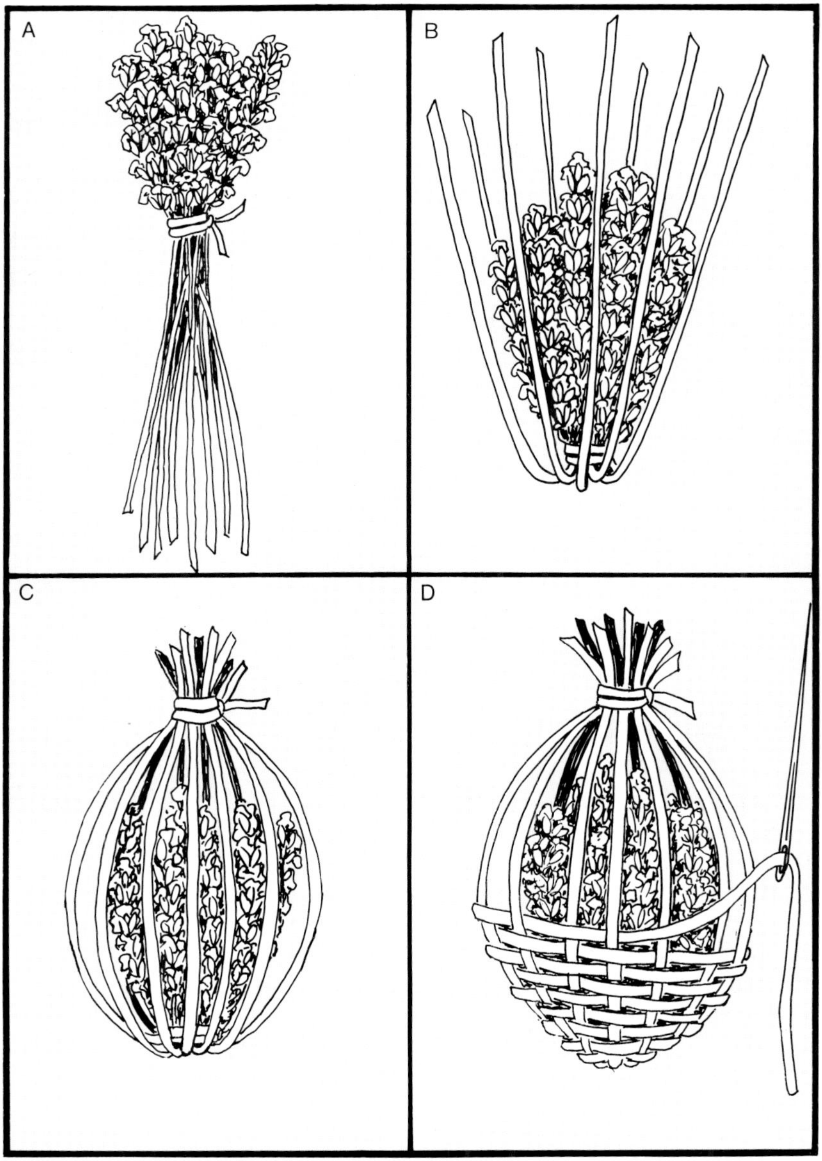

Herstellung eines Lavendelkörbchens (A–D).

Rosenwasser selbst hergestellt und hübsch »verpackt« – eine gute Geschenkidee.

Konservierung von Düften

Ist man im Frühjahr, den ganzen Sommer lang und noch im Herbst ständig von Düften umgeben und verwöhnt worden, so denkt man etwas wehmütig an die nahezu duftlose, lange Zeit des Winters. Vielleicht taucht auch bei Ihnen der Wunsch auf, wenigstens einen Teil der Düfte zu konservieren, um sie jederzeit wieder lebendig machen zu können. Zumindestens zu einem kleinen Teil lassen sich diese Gedanken realisieren, wenn man während der üppigen Jahreszeit voller Blüten und saftiger Blätter nicht versäumt, besonders geliebte Düfte einzufangen.
Es gibt mehrere sehr erfolgversprechende Methoden, den Duft einzumachen.

Duftsäckchen

Eine gute und einfach nachzuvollziehende Möglichkeit, eine Duftsammlung für den Winter anzulegen, bieten die unzähligen blattduftenden Pflanzenarten. Man erntet während des Sommers und trocknet die Blätter an schattigen Plätzen. Am besten eignet sich natürlich der alte Speicher, sofern er noch vorhanden ist. Auch die schattige Ecke auf dem Balkon ist angebracht, solange das Blattmaterial nicht der prallen Sonne ausgesetzt ist. Ganz dem persönlichen Gusto folgend, eignen sich Blätter vom Ysop, Rosmarin, Lavendel, Minzarten, Monarde, Mähdesüß, Thymianarten, Eberraute, Weinraute, Rainfarn, Balsamkraut und Duftpelargonien. Die getrockneten Blätter lassen sich in kleine Leinen- oder noch besser Seidensäckchen füllen und sehr dekorativ mit bunten Schleifchen oder feinen Stickereien versehen. Es ist nicht der schlechteste Gedanke, so ein kleines Duftsäckchen bei sich zu tragen, um ganz nach Belieben am Eberrauten-, Minzen- oder Rosenpelargonien-Sachet zu schnuppern. Mit etwas künstlerischer Phantasie und handwerklichem Geschick lassen sich sehr attraktive Duftkissen, Duftsäckchen oder sonstige Figuren nähen, die mit entsprechend wohlriechender Füllung gern gesehene Aufmerksamkeiten darstellen. Natürlich lassen sich auch Duftnoten verschiedener Pflanzenarten kombinieren, doch ist es bei Mischungen ratsam, sich innerhalb der gleichen Duftrichtung zu bewegen. Es würde sich anbieten, etwa harzig aromatische Töne mit ähnlichem zu mischen. Ysop, Rosmarin und Rainfarn wären Beispiele, die zur gleichen Duftgruppe gehören und sich nicht stören. Mischt man fruchtig zu fruchtig, so ließen sich Monardenblätter, zitronen- oder orangenduftende Blätter und Thymian miteinander kombinieren. Phantasievollen Duftliebhabern wird es leicht fallen, neue Kreationen von Wohlgerüchen zu schaffen. Mich versetzt es stets in Staunen, welch angenehme Duftakkorde dabei neu entstehen können.

Duftwasser

Wem der Aufwand für die Duftsäckchen zu groß erscheint, möge selbstgebrautes Rosmarin-, Lavendel- oder Rosenwasser ausprobieren. Hierzu stellt man zuerst den Aufguß der gewünschten Duftnote her, was nicht viel schwieriger als Tee aufzugießen ist. Hat man ein oder zwei Hände voll Blätter frisch abgepflückt, so übergieße man mit heißem Wasser und lasse das Ganze, am besten zugedeckt, ca. 15 Minuten ziehen. Nach dem Abkühlen verwendet man das Rosen-, Lavendel- oder Rosmarinwasser im letzten Spülgang bei der Wäsche, im Spülwasser empfindlicher Wolle, für Haarspülungen, als Gesichtswasser oder für vielerlei andere duftende Gelegenheiten. Wem auch dies zuviel erscheint, mag sich mit ein paar Tropfen reiner ätherischer Öle begnügen, wie sie heute vielfach angeboten werden. Zugegeben, es wäre die einfachste Methode, um Duftkissen, Sachets und Wässerchen zu parfümieren. Nur mir persönlich fehlten wesentliche Teile der gesamten Pflanze, wenn ihr Wesen auf drei Tropfen Öl beschränkt bliebe.

Potpourri

Mit dem Begriff verbindet sich in unserem Sprachgebrauch eher ein »musikalisches Allerlei« oder ein solches aus Gemüse. Das letztere käme wegen seiner pflanzlichen Ingredienzien dem nun folgenden schon recht nahe.
Im Mittelalter, als Pest und andere Seuchen wüteten, war es üblich, zum Schutz und zur Desinfektion der Räume die damals bekannten Heilkräuter Salbei, Rosmarin, Kalmus und Lavendel zu verbrennen. Eine wirksame Methode, wenn man sich heute der antiseptischen Wirkung dieser Kräuter bewußt ist. Später wurden Blätter und Zweige auf den Fußboden gestreut, die beim Zertreten ihre ätherischen Öle freisetzten und angenehm den Raum parfümierten. Von dieser sympathischen Idee war es nur noch ein kleiner Schritt zum Blüten und Blätter gefüllten Dufttopf – dem Potpourri. Zu Zeiten Elisabeth I. (1533–1603) als die berühmten englischen Gärten gestaltet wurden und Wohlgerüche und erlesene Düfte in hohem Ansehen standen, übertraf man sich im Schaffen neuer Potpourri-Kompositionen. Besonders leidenschaftlich verbreiteten sich die »Dufttöpfe« in Frankreich und England, wo man sie auch heute noch ab und zu finden kann. Mir erscheint es viel zu schade, von diesen bewährten Konservierungsmöglichkeiten keinen Gebrauch zu machen, zumal die Materie äußerst interessant und selten langweilig wird. Es stehen zwei Methoden zur Auswahl, von denen beide Vorzüge wie Nachteile haben. Wenn Sie sich für den trockenen oder fermentierten Potpourri entschieden haben, steht Ihrer Sammelleidenschaft nichts mehr im Wege. Irgendwo gibt es immer etwas Duftendes zu finden, sei's im Garten, dem Balkon, in der freien Flur oder gar beim Nachbarn.
Der fermentierte Potpourri hält den Duft länger und besser, allerdings auf Kosten der bunten Blütenfarben, denen die notwendige Prozedur nicht gut bekommt. Die unansehnliche Masse hält man am besten in Steingutgefäßen versteckt. Was den Duft anbelangt, so braucht sich dieser nicht zu verstecken.
Der trockene Potpourri besticht im

dekorativen Glasgefäß durch die schönste Farbpalette quer durch den ganzen Sommer. Dafür ist ein nicht unbeträchtlicher Teil des Wohlgeruchs bereits beim Trocknen »verduftet«.

Trockener Potpourri: Wichtige Voraussetzungen für das Gelingen einer guten Mischung sind vorsichtiges und vollständiges Trocknen aller gewünschten Blüten und Blätter, die Benutzung von Porzellan-, Glas- oder Steingutgefäßen, sowie die gute Fixierung der Düfte mit Hilfe von Iriswurzelpulver oder ähnlichen Fixativen. Alle duftenden Blütenblätter oder Blütenköpfchen eignen sich für die Mischung. Man sammelt die Blüten wie sie im Jahresverlauf anfallen. Gute Blütendufter sind: Veilchen, Goldlack, Maiglöckchen, Geißblattarten, Rosen (z. B *Rosa centifolia*), Bauernjasmin, Nelken, Lavendel, Kamille, Indianernessel, Lilien, Heliotrop, Duftwicken, Duftresede, Ringelblume. Duftendes Blattmaterial könnte von Thymian, Lavendel, Rosmarin, *Artemisia*-Arten, Balsamkraut, Heiligenkraut und Duftblattpelargonien stammen.
Der eigenen Phantasie sind beim Sammeln und Zusammenstellen der Düfte natürlich keine Grenzen gesetzt und wem Tuberosen- oder Jasminblüten zugänglich sind, sollte diese starken Blütendufter ebenfalls miteinbeziehen. Auf jeweils 1 Handvoll Blütenblätter gibt man etwa 1 Teelöffel Iriswurzelpulver *(Rhizoma*

Potpourri aus Rosenblättern.

iridis). Je nach Geschmack kann man eher Zurückhaltung üben, indem die Mischung keinen bestimmten Duft vorherrschen läßt.
Wählt man aber bewußt z. B. eine Rosenrichtung, so hat sich folgendes Potpourri bewährt: Man füllt das Gefäß zu $^3/_4$ mit schonend getrockneten Rosenblättern und fügt eine Tasse voll getrockneter Rosmarin-, Thymian-, Majoranblätter, sowie der getrockneten und zerstoßenen Schale einer Orange hinzu. Hierzu gibt man ein paar zerbröselte Lorbeerblätter, etwa 10 g zerstoßene Gewürznelken und getrocknete Blütenblätter oder Rindenstückchen des Erdbeergewürzstrauches. Schließlich wird alles vermischt und in ein Potpourri-Gefäß umgefüllt. Behelfsweise ließe sich hierzu ein Bowlen-Gefäß verwenden, da sich dieses einigermaßen gut verschließen läßt. Eine etwas fri-

schere Note kann man erreichen, wenn die gleiche Menge weniger stark duftender Rosenblätter, Zitronenthymian, zitronenduftende Pelargonienblätter und die Schale einer Zitrone anstelle der Orangenschale verwendet werden. Getrocknete Eberrautenblätter und eine Prise Muskatnuß runden diese Duftmischung harmonisch ab.

Fermentierter Potpourri: Bei dieser Blüten- und Blättermischung sammelt man die gewünschten Blüten in der gleichen Weise wie beim trockenen Potpourri, entsprechend dem jahreszeitlichen Blütenangebot. Die Blütenblätter läßt man jedoch nur bis zu einem welken Zustand trocknen und schichtet sie danach in einen Steingut- oder Keramiktopf. Auf jede Blütenblätterschicht streut man eine dünne Schicht Meersalz. So wie die Jahreszeit fortschreitet, folgt eine Blüten-/Salzschicht der nächsten. Sind gerade keine Blüten- oder Blätterdüfte im Garten auffindbar, sollte die letzte Schicht mit Hilfe eines kleinen Tellers, auf den ein Gewicht gestellt wird, beschwert werden. Diese Prozedur ist dem früher häufig praktizierten Sauerkrauteinlegen nicht unähnlich, findet doch auch im Dufttopf eine Gärung, eine Fermentation, statt. Bei jedem neuen Auffüllen sollte man nicht versäumen, die ganze Masse einmal umzurühren, wobei überschüssige Flüssigkeit abgeschüttet werden kann. Während der gesamten sommerlichen Füllung, die bis zur Mähdesüßblüte in den Herbst hinein dauern kann, sollte der »Duft-Kompost« zugedeckt und kühl stehen. Zum Schluß lassen sich, sehr zurückhaltend allerdings, Muskatnuß, Koriander, Nelken, Zimt und Iriswurzel hinzufügen. Man rührt das Ganze nochmals um und unterzieht die Mischung einem 4–6 wöchigen Reifeprozeß. Bei winterlichen Duftsehnsüchten braucht man nur den sonst geschlossenen Topf zu öffnen, sogleich entweichen herrliche Wohlgerüche und durchfluten den Raum auf angenehmste Weise. Die beigemengten Gewürze bewirken auch hier eine Fixierung und harmonische Abrundung der Duftkomposition, die auf Jahre hinaus halten kann. Doch wird man bald eine neue Mischung schaffen wollen, die vielleicht noch viel, viel besser duftet ...

Tausendblumenbouquet

Rosenblütenwasseröl	75 ml
Tuberosenextrakt	25 ml
Jasminextrakt	25 ml
Orangenblütenextrakt	25 ml
Akazienextrakt	25 ml
Veilchenextrakt	25 ml
Zedernholzextrakt	12 g
Bergamottöl	3 g
Vanilleextrakt	5 g
Ambraessenz	5 g
Moschusessenz	5 g
Bittermandelöl	1 Tropfen
Neroliöl	1 Tropfen
Nelkenöl	1 Tropfen

Den Heim-Duftmischer mag das Originalrezept zur Nachahmung anregen, die Preise der Extrakte, Essenzen und Öle schränken das wohlriechende Vorhaben vermutlich wieder ein. Der Ansatz ließe sich jedoch auf finanziell tragbare Mengen reduzieren.

Eine der ältesten »Parfüm-Formeln« findet man in der Bibel:

zu 500 Schekel Myrrhenöl
250 Schekel Zimtöl
250 Schekel Kalmusöl
500 Schekel Cassiaöl

gab man ein Hin Olivenöl. Das alte Maß »Hin« entspricht etwa 71 g, während ein Schekel etwa 15 g äquivalent sind.

Aus Neugier habe ich versucht, die Öle in ganz geringen Mengen zusammenzumischen, um einen Eindruck von den Wohlgerüchen jener Zeiten zu bekommen. Man kann sich gut vorzustellen, von diesem Duftöl eingerieben zu sein. Die harmonische Komposition jedenfalls braucht keinen Vergleich mit heutigen Parfüms zu scheuen.

Lavendelfelder in der Provence.

Blütenduftende Pflanzen – eine Auswahl
(keine Kakteen, Orchideen oder Pilze)

Acacia dealbata, Mimose
Achillea millefolium, Schafgarbe
Acidanthera bicolor, Acidanthera
Allium moly, Goldlauch
Allium rosenbachium, Riesenlauch,
Allium neapolitanum
Allium suaveolens, Wohlriechender Lauch
Anthericum liliago, Graslilie
Asperula azurea, Blauer Waldmeister
Asclepias syriaca, Seidenpflanze
Azara microphylla, Azara
Berberis vulgaris, Berberitze
Borago officinalis, Borretsch
Buddleia alternifolia, Fliederspeer
Buddleia davidii, Sommerflieder
Buxus sempervirens, Buchsbaum
Calycanthus floridus, Erdbeergewürzstrauch
Centaurea moschata, Wohlriechende Kornblume
Cheiranthus cheiri, Goldlack
Chionanthus virginicus, Schneeflockenstrauch

◁ Karthäuser-Nelke; der zarte Duft der Karthäuser-Nelke harmoniert mit dem zierlichen Erscheinungsbild.

Clematis flammula, / *Clematis macropetala,* / *Clematis montana,* } Waldrebe, diverse Sorten
Clematis recta, Aufrechte Waldrebe
Convallaria majalis, Maiglöckchen
Coronilla glauca, Kronwicke
Corydalis cava, Hohler Lerchensporn
Corydalis lutea, Gelber Lerchensporn
Kronwicke
Crataegus monogyna, Weißdorn
Crocus aureus, Herbstkrokus
Cyclamen europaeum, Alpenveilchen
Daphne mezereum, Seidelbast
Daphne cneorum, Reckhölderle
Datura stramonium, Stechapfel
Datura suaveolens, Engelstrompete
Dianthus barbatus, Bartnelke
Dianthus caryophyllus, Gartennelke
Dianthus carthusianorum, Kartäusernelke
Dianthus gratianopolitanus, Pfingstnelke
Dictamnus albus, Diptam
Dracocephalum moldavicum, Drachenkopf
Filipendula ulmaria, Mähdesüß
Fritillaria imperialis, Kaiserkrone

Pflanzenauswahl

Galanthus nivalis, Schneeglöckchen
Hamamelis mollis, Zauberhasel
Heliotropium peruvianum, Heliotrop
Hemerocallis flava, Taglilie
Hesperis matronalis, Nachtviole
Humulus lupulus, Hopfen
Hyacinthus orientalis, Hyazinthe
Iberis amara, Bittere Schleifenblume
Ilex aquifolium, Stechpalme
Iris germanica, Deutsche Schwertlilie
Iris graminea, Grasschwertlilie
Iris sibirica, Sibirische Schwertlilie
Lathyrus odoratus, Duftwicke
Lavandula angustifolia, Lavendel
Lilium candidum, Madonnenlilie
Lilium martagon, Türkenbundlilie
Lilium regale, Königslilie
Limnanthes douglasii, Eierpflanze
Lonicera caprifolium, Geißblatt
Lysimachia nummularia, Pfennigkraut
Magnolia liliiflora, Magnolie
Mahonia aquifolium, Mahonie
Matthiola bicornis, Gemshorn
Matthiola incana, Levkoje
Melandrium album, Weiße Lichtnelke
Melittis melissophyllum, Immenblatt
Mirabilis jalapa, Wunderblume
Monarda didyma, Indianernessel
Muscari racemosum, Traubenhyazinthe
Narcissum poeticus, Dichternarzisse
Narcissus pseudonarcissus, Trompetennarzisse
Nerium oleander, Oleander
Nicotiana alata, Ziertabak
Nymphaea alba, Weiße Seerose
Oenothera biennis, Nachtkerze
Oenothera odorata, Duft-Nachtkerze
Origanum vulgare, Origano
Paeonia officinalis, Pfingstrose
Paradisea liliastrum, Paradieslilie
Philadelphus coronarius, Bauernjasmin
Phlox paniculata, Stauden-Phlox
Primula veris, Arznei-Schlüsselblume
Prunus padus, Traubenkirsche
Reseda odorata, Duftresede
Robinia pseudoacacia, Robinie
Rosa centifolia, Zentifolien-Rose
Rosa damascena, Damaszener-Rose
Saponaria officinalis, Seifenkraut
Salvia rutilans, Ananas-Salbei
Scilla nonscripta, Hasenglöckchen
Syringa vulgaris, Flieder
Trapaeolum majus, Kapuzinerkresse
Tulipa sylvestris, Wilde Tulpe
Tussilago farfara, Huflattich
Veratrum albus, Weißer Germer
Viola odorata, Duftveilchen
Wisteria sinensis, Glyzine

Der Staudenphlox, eine altbewährte Gartenblume, ist in einer Vielzahl von Varietäten im Handel, die leider nicht mehr alle duften. ▷

Pflanzenauswahl

Blattduftende Pflanzen – eine Auswahl

Achillea millefolium, Schafgarbe
Acorus calamus, Kalmus
Anthemis nobilis, Römische Kamille
Anthriscus cerefolium, Kerbel
Artemisia abrotanum, Eberraute
Artemisia absinthium, Wermut
Artemisia dracunculus, Estragon
Asperula odorata, Waldmeister
Borago officinalis, Borretsch
Calendula officinalis, Ringelblume
Calycanthus floridus, Erdbeergewürzstrauch
Carum carvi, Kümmel
Chrysanthemum balsamita, Balsamkraut
Chrysanthemum vulgare, Rainfarn
Chrysanthemum parthenium, Mutterkraut
Dictamnus albus, Diptam
Dracocephalum moldavicum, Drachenkopf
Eucalyptus maculata, Eukalyptus
Foeniculum vulgare, Fenchel
Humulus lupulus, Hopfen
Hysoppus officinalis, Ysop
Lavandula angustifolium, Lavendel
Levisticum officinale, Liebstöckel
Melissa officinalis, Melisse
Mentha pulegium, Poleiminze
Mentha requieni, Korsische Minze
Mentha suaveolens, Rundblättrige Minze
Meum athamanticum, Bärwurz
Monarda didyma, Indianernessel
Myrrhis odorata, Süßdolde
Myrtus communis, Myrte
Ocimum basilikum, Basilienkraut
Ocimum sanctum, Tulasi
Origanum vulgare, Dost

Duftpelargonien:
Pelargonium abrotanifolium,
Pelargonium capitatum,
Pelargonium fragrans,
Pelargonium graveolens,
Pelargonium denticulatum,
Pelargonium odoratissimum,
Pelargonium papilionaceum,
Pelargonium quercifolium,
Pelargonium radula,
Pelargonium tomentosum,

Pastinaca sativa, Pastinak
Pimpinella anisum, Anis
Rosa rubiginosa, Schottische Zaunrose
Rosmarinus officinale, Rosmarin
Ruta graveolens, Weinraute

Ananas-Salbei; herrlich fruchtiger Geruch nach reifer Ananas.

Salvia sclarea, Muskatellersalbei
Salvia officinalis, Gartensalbei
Salvia rutilans, Ananassalbei
Santolina chamaecyparissus, Zypressenkraut
Satureja montana, Bergbohnenkraut
Teucrium chamaedrys, Gamander
Thymus serpyllum, Sandthymian

Pflanzenauswahl

Abend- bzw. nachtduftende Pflanzen – eine Auswahl

Datura stramonium, Stechapfel
Datura suaveolens, Engelstrompete
Hemerocallis flava, Taglilie
Hesperis matronalis, Nachtviole
Lonicera caprifolium, Jelängerjelieber
Lonicera periclymenum, Wald-Geißblatt
Matthiola bicornis, Gemshorn
Mirabilis jalapa, Wunderblume
Nicotiana alata, Ziertabak
Oenothera biennis u. weitere ssp., Nachtkerze
Pelargonium gibbosum, Duftblattpelargonie
Phlox paniculata, Phlox
Reseda odorata, Duftresede
Saponaria officinalis, Seifenkraut

Duftende Kübel- und Balkonpflanzen – eine Auswahl

Acacia dealbata, Mimose	K
Cheiranthus cheiri, Goldlack	K, B
Datura spp., Engelstrompete	K
Eucalyptus citriodora, Eucalyptus	K
Heliotropium peruvianum, Heliotrop	K, B
Jasminum officinale, Jasmin	K
Myrtus communis, Echte Myrte	K
Matthiola bicornis, Gemshorn	B
Mentha requienii, Korsische Minze	K
Lavandula stoechas, Schopf-Lavendel	K
Nerium oleander, Oleander	K
Ocimum sanctum, Tulasi	K, B
Pelargonium fragrans,	K
Pelargonium graveolens,	K
Pelargonium quercifolium,	K
Pelargonium radens,	K
Pelargonium tomentosum, (diverse Duftblatt-Pelargonien)	K
Reseda odorata, Duftresede	B
Rosmarinus officinalis, Rosmarin	K
Santolina chamaecyparissus, Zypressenkraut	K
Salvia rutilans, Ananassalbei	K

K = als Kübelpflanze geeignet
B = als Balkonpflanze geeignet

Die Engelstrompete verbreitet schwere Düfte an lauen Sommerabenden. ▷

Graslilien; vorsommerliche Blütenpracht für Stein- und Duftgarten.

Duftpflanzen für das Frühjahr – eine Auswahl

Anthericum liliago, Graslilie
Berberis vulgaris, Berberitze
Cheiranthus cheiri, Goldlack
Convallaria majalis, Maiglöckchen
Corydalis cava, Lerchensporn
Crataegus monogyna, Weißdorn
Daphne mezereum, Seidelbast
Daphne cneorum, Heideröschen
Freesia × hybrida, Fresie
Galanthus nivalis, Schneeglöckchen
Hyacinthus orientalis, Hyazinthe
Iris germanica, Deutsche Schwertlilie
Iris graminea, Gras-Schwertlilie
Magnolia denudata, Magnolie
Mentha spicata, Ähren-Minze
Muscari botryoides, Traubenhyazinthe
Narcissus spp. Narzisse
Primula veris, Arznei-Schlüsselblume
Syringa spp., Flieder
Tulipa sylvestris, Wilde Tulpe
Viola odorata, Duftveilchen

Der Echte Alant ist eine mannshohe Staude mit aromatischer Wurzel.

Duftpflanzen für den Sommer – eine Auswahl

Achillea filipendulina, Hohe Gelbe Schafgarbe
Achillea millefolium, Schafgarbe
Acorus calamus, Kalmus
Artemisia dracunculus, Estragon
Borago officinalis, Borretsch
Buddleia alternifolia, Hänge-Buddleia
Buddleia davidii, Sommerflieder
Calendula officinalis, Ringelblume
Cheiranthus cheiri, Goldlack
Clematis macropetala, Waldrebe
Convallaria majalis, Maiglöckchen
Corydalis cava, Lerchensporn
Cyclamen europaeum, Alpenveilchen
Datura spp., Engelstrompete
Dianthus spp., Nelken
Dictamnus albus, Diptam
Dracocephalum moldavicum, Drachenkopf
Filipendula ulmaria, Mädesüß

Heliotropium peruvianum, Heliotrop
Hemerocallis flava, Taglilie
Hesperis matronalis, Nachtviole
Jasminum officinale, Jasmin
Lathyrus odoratus, Duftwicke
Lavandula spp., Lavendel
Lilium regale, Königslilie
Lonicera caprifolium, Jelängerjelieber
Lonicera periclymenum, Wald-Geißblatt
Lonicera × heckrotti, Feuer-Geißschlinge
Lonicera × tellmanniana, Gold-Geißschlinge
Lysimachia nummularia, Pfennigkraut
Matthiola bicornis, Gemshorn
Matthiola incana, Levkoje
Mentha spp., Minze
Monarda didyma, Indianernessel
Myrtus communis, Echte Myrte
Nerium oleander, Oleander
Nicotiana alata, Bauerntabak
Nymphae spp., Seerose
Oenothera biennis, Nachtkerze
Oenothera odorata, Duft-Nachtkerze
Pelargonium spp., Duftblatt-Pelargonien
Philadelphus coronarius, Bauernjasmin
Phlox paniculata, Phlox
Reseda odorata, Duftresede
Rhododendron spp. Alpenrosen
Robinia pseudoacacia, Akazie
Rosa spp., Rosen
Salvia sclarea, Muskateller-Salbei
Trapaeolum majus, Kapuzinerkresse
Verbena × hybrida, Eisenkraut

Duftpflanzen für den Herbst – eine Auswahl

Artemisia dracunculus, Estragon
Artemisia absinthium, Wermut
Buddleia alternifolia, Hänge-Buddleie
Buddleia davidii, Fliederspeer
Calendula officinalis, Ringelblume
Corydalis lutea, Lerchensporn
Cyclamen europaeum, Europ. Alpenveilchen
Mentha spp., div. Minzen
Nerium oleander, Oleander
Oenothera biennis, Nachtkerze
Pelargonium spp., div. Pelargonien
Phlox paniculata, Phlox
Rosa damascena bifera, Damaszener-Rose

Viele der Duftpflanzenarten bzw. deren Samen können beim Autor bestellt werden: Syringa Samenversand, 7702 Gottmadingen, Postfach 1203

Register

Register

Register

Die Ziffern mit Sternchen bezeichnen die Seitenzahlen der Abbildungen.